AUGUSTO ROGÉRIO LEITÃO

LES ENTREPRISES PUBLIQUES DE LA C. E. E. DOIVENT-ELLES ÊTRE SOUMISES A UNE SURVEILLANCE PARTICULIERE?

COIMBRA

1985

Separata do número especial do
Boletim da Faculdade de Direito de
Coimbra — «Estudos em Homena-
gem ao Prof. Doutor António
de Arruda Ferrer Correia» — 1984

LES ENTREPRISES PUBLIQUES DE LA C.E.E. DOIVENT-ELLES ÊTRE SOUMISES A UNE SURVEILLANCE PARTICULIERE?*

I — *La Genèse de la directive de la Commission fondée sur le paragraphe 3 de l'article 90 du Traité C.E.E.*

1. Déjà en 1963, M. BURGBACHER, parlementaire européen, posait une question écrite à la Commission concernant l'application des règles de concurrence du Traité C.E.E. aux entreprises publiques. Le député européen demandait à la Commission si «l'octroi de subventions à des entreprises publiques, le non--paiement d'impôts et de taxes officielles que l'économie privée doit supporter ainsi que la renonciation des entreprises d'Etat à la rémunération de leur propre capital appartiennent ou non au nombre de mesures allant à l'encontre des articles 7 et 85 à 94 inclus du Traité C.E.E.?» [1].

---

* Este estudo tem como ponto de partida um trabalho de investigação que realizámos no quadro de um «3ème cycle» (Mestrado) em direito europeu no Institut d'Etudes Européennes da Université Libre de Bruxelles e que terminámos em Julho de 1981. Posteriormente o Tribunal das Comunidades Europeias pronunciou o seu acordão relativo ao recurso de anulação introduzido por três Estados-membros contra a directiva da Comissão concernente à transparência das operações financeiras das empresas públicas. Como o ponto de partida tinha sido elaborado na língua francesa, este estudo acabou também por o ser.

[1] Parlement européen, question écrite n.º 48 du 27 juin 1963. Le député se réfère, donc, à l'article 90:

«1. *Les Etats membres, en ce qui concerne les entreprises publiques et les entreprises auxquelles ils acordent des droits spéciaux ou exclusifs, n'édictent ni ne maintiennent aucune mesure contraire aux règles du présent traité, notamment à celles prévues aux articles 7 et 85 à 94 inclus.*

2. *Les entreprises chargées de la gestion de services d'intérêt économique général ou présentant le caractère d'un monopole fiscal sont soumises aux*

La Commission dans sa réponse commence par affirmer — tout en rappelant que seule la Cour de Justice des Communautés Européennes est compétente pour donner une interprétation authentique du Traité — qu'une aide accordée par les Etats ou au moyen de ressources d'Etat, sous quelque forme que ce soit — subventions; exonérations d'impôts et de taxes; exonérations de taxes parafiscales; bonifications d'intérêts; garantie de prêts à des conditions particulièrement favorables; cessions de bâtiments ou de terrains à titre gratuit ou à des conditions particulièrement favorables; fournitures de biens ou de services à des conditions préférentielles; couverture de pertes d'exploitation; ou toute mesure d'effet équivalent — tombe en principe sous le coup des articles 92 à 94 du Traité quel que soit le caractère public ou privé des entreprises bénéficiaires [2].

Ensuite, la Commission envisage le cas où la puissance publique renoncerait, en tout ou en partie, à la rémunération du capital propre d'une entreprise d'Etat ou de toute autre entreprise publique et elle est d'avis qu'une telle renonciation pourrait, le cas échéant, être considéré comme une aide d'Etat. Selon cette Institution «ceci pourrait se concevoir dans la mesure où un propriétaire ou actionnaire privé se trouvant dans une situation comparable et agissant en vertu de considérations d'ordre économique ne renoncerait pas — ou ne renoncerait que dans une mesure limitée — à la rémunération de son propre capital;

---

règles du présent traité, notamment aux règles de concurrence, dans les limites où l'application de ces règles ne fait pas échec à l'accomplissement en droit ou en fait de la mission particulière qui leur a été impartie. Le développement des échanges ne doit pas être affecté dans une mesure contraire à l'intérêt de la Communauté.

3. La Commission veille à l'application des dispositions du présent article et adresse, en tant que de besoin, les directives ou décisions appropriées aux Etats membres».

[2] Réponse de la Commission du 30 juillet 1963 publiée au *Journal Officiel des Communautés Européennes* du 17 août 1963.

autrement dit, la renonciation à laquelle consentirait l'Etat résulterait en l'occurrence non pas de considérations d'ordre économique, mais de motifs d'ordre politique» [3].

Toutefois, la Comission constate aussi la difficulté de sa tâche dans un cas pareil. Pour déterminer s'il y a une aide dans ces cas, il fallait mener «un examen méticuleux de tous les facteurs caractérisant chacun des cas concrets dont il s'agit».

Mais il faudrait encore, selon nous, en plus de l'examen méticuleux, que la Commission soit en possession de tous les éléments concernant la renonciation de l'Etat à la rémunération normale du capital d'une entreprise au sens de l'article 90 § 1er.

Nous sommes alors en 1963.

2. La Commission tout en constatant, au moins implicitement, que les rapports financiers entre les Etats membres et leurs entreprises publiques peuvent être à l'origine de certaines formes d'aides interdites par le Traité C.E.E. et qui seraient, de toute façon, très difficilement appréhendées par la procédure de l'article 93, n'envisagera cependant pas pendant les années qui suivent l'usage des pouvoirs que lui attribue le paragraphe 3 de l'article 90:

> «*La Commission veille à l'application des dispositions du présent article et adresse, en tant que de besoin, les directives ou décisions appropriées aux Etats membres*».

En 1971, parmi d'autres, MICHEL WAELBROECK, dans son ouvrage sur le droit de la concurrence de la C.E.E., tout en constatant que la Commission n'avait pas jusqu'à ce moment-là fait usage de ses pouvoirs, s'étonne de ce qu'«on ne trouve guère d'allusion aux problèmes que posent les entreprises publiques

---

[3] *Op. cit.*, note 2.

dans les déclarations faites par des membres de la Commission ou par de hauts fonctionnaires de celle-ci au sujet de la politique de concurrence de la Commission» [4]. Cet auteur conclut qu'il s'agit d'une «carence regrettable» [5].

3. En 1973, nous connaîtrons la première crise «pétrolière» qui annoncera la crise économique que nous subissons encore aujourd'hui et l'environnement devient donc particulièrement favorable à l'interventionnisme étatique en tant que moyen protectionniste.

Le protectionisme des Etats membres s'exprimera tant sur le plan de l'entreprise qu'au niveau national et dans les relations internationales.

Ainsi, au niveau des entreprises, la Commission constate, à partir de 1974, que les interventions des Etats membres ne prennent pas nécessairement, ni exclusivement, la forme d'aides régionales ou sectorielles, mais englobent également la mise à la disposition de certaines entreprises de ressources financières supplémentaires, notamment sous forme de prêts ou de prises de participation. Les entreprises qui bénéficieraient de ces aides seraient surtout celles dont la survie serait compromise en leur absence.

Toutefois, en ce qui concerne les entreprises publiques bénéficiaires de ces aides, la Commission avait reçu des réclamations de la part de certaines entreprises ou associations d'entreprises privées, qui se sont estimées lésées, et avait dû aussi répondre à des questions écrites des membres du Parlement européen concernant ce problème [6].

---

[4] *Le droit de la C.E.E.: concurrence*, vol. 4, éd. Université de Bruxelles, 1972, p. 92.

[5] Cf. le rapport BERKOUVER, où on regrette aussi cette «carence»; *Parlement Européen, Documents de scéance*, doc. 197, 1970-71.

[6] *Cinquième rapport sur la politique de concurrence*, Bruxelles-Luxembourg, 1976, p. 117.

Elle constata que le comportement économique des entreprises publiques qui peuvent s'appuyer pendant une durée assez longue sur des ressources de l'Etat peut poser un problème de distorsion de la concurrence: cependant, l'analyse de ces situations serait entravée par le *manque de transparence* qui caractérise les relations financères entre les Etats et les entreprises visées à l'article 90 § 1.

Dans le «Cinquième rapport sur la politique de concurrence» relatif à l'année 1975, la Commission annonce que ses services sont en train «d'élaborer un projet de directive basée sur l'article 90 § 3 du Traité C.E.E., dans le triple but de mieux expliciter aux Etats membres les responsabilités qui découlent pour eux de l'article 90, de mettre en place des règles qui permettront à la Commission de mieux s'assurer que les dispositions du Traité sont respectées par les Etats agissant à travers les entreprises visées à l'article 90 § 1, ainsi que par ces entreprises elles-mêmes; et finalement d'obtenir une meilleure transparence dans les relations financières entre les Etats et ces entreprises» [7].

4. Le «Sixième rapport sur la politique de concurrence» relatif à l'année 1976 fait état d'un travail de réflexion et de clarification pour préciser les obligations visées par l'article 90 du Traité C.E.E..

Les points de cette reflexion qui nous intéresse pour le moment concernent les pouvoirs accordés à la Commission en vertu de l'article 90 § 3: celle-ci considère qu'en vertu de ce paragraphe, elle pourra intervenir même *à titre préventif*, par exemple, à travers la mise en place «de procédures ou d'encadrements qui ne sont pas forcément liés à des manquements

---

[7] *Op. cit.*, note 6, p. 118.

spécifiques au Traité, mais qui servent à prévenir de tels manquements sur un plan général» [8].

Ces pouvoirs lui permettraient de remédier aux difficultés qu'elle rencontre dans l'application de l'article 93, relatif aux aides étatiques, étant donné le manque de transparence des comptes de gestion chez certaines entreprises publiques, notamment en ce qui concerne leurs «charges impropres» [9] et l'éventuelle compensation de celles-ci. D'où la nécessité, exprimée par la Commission, d'édicter une procédure ou un encadrement qui lui permettrait de distinguer entre la compensation légitime de telles charges et l'octroi par un Etat membre d'avantages concurrentiels incompatibles avec le Traité.

Dans son «Septième rapport sur la politique de concurrence» relatif à l'année 1977, la Comission annonce que le projet de directive basée sur l'article 90 § 3 se trouve à un stade avancé d'élaboration et que les discussions avec les experts des Etats membres se poursuivent. Elle reconnaît cependant que «l'emploi de l'article 90 met en jeu des principes juridiques complexes sur lesquels la Cour de Justice n'a eu jusqu'ici que peu d'occasions pour préciser sa doctrine» [10].

5. Le «Huitième rapport» relatif à l'année 1978 annonce déjà les grandes lignes de la future directive.

Cependant, la Commission constate dès lors qu'étant donné que la directive utilisera certains concepts «qui n'ont jusqu'ici

---

[8] *Sixième rapport sur la politique de concurrence*, Bruxelles-Luxembourg, 1977, p. 166.

[9] Par «charges impropres», la Commission entend les charges que l'Etat impose à certaines entreprises dans la poursuite de ses buts économiques et sociaux et qui ont pour effet soit de diminuer les bénéfices, soit d'augmenter les pertes qui résulteraient d'une gestion purement commerciale. Cf., *op. cit.*, note 8, p. 166.

[10] *Septième rapport sur la politique de concurrence*, Bruxelles-Luxembourg, 1978, p. 222.

été ni employés dans les instruments juridiques de la Communauté, ni fait l'objet d'une interprétation de la Cour de Justice» [11], il fraudrait arriver à une «concertation approfondie»: on pense surtout à la définition du terme «entreprise publique».

Ce rapport annonce aussi que la Commission, ayant constaté que certaines affectations de fonds étatiques à des entreprises publiques peuvent, dans des circonstances données, avoir un effet d'aide sans entrer dans le cadre des aides «classiques» du type général, régional ou sectoriel, le projet de directive prévoit un article qui imposerait aux Etats membres l'obligation d'informer la Commission d'affectation de fonds, de manière à permettre à celle-ci de se prononcer quant à leur compatibilité avec le Traité.

Cependant, le «Neuvième rapport» relatif à l'année 1979 nous aprend que la Commission a modifié ce dernier article du projet de directive. On n'imposerait plus une obligation aux Etats membres d'informer la Comission des affectations de fonds aux entreprises publiques: les informations qui seraient rendues disponibles grâce à l'obligation de transparence ne seraient fournies à la Commission qu'à sa demande.

Cette modification aurait été introduite «dans le double but de permettre à la Commission et aux Etats membres de concentrer leur attention sur les cas les plus importants et d'éviter la création de tout courant superflu» [12].

Toutefois, nous croyons que cette modification fut le résultat de la prise de conscience de la part de la Commission du fait qu'en imposant une obligation d information, elle était

---

[11] *Huitième rapport sur la politique de concurrence*, Bruxelles-Luxemburgo 1979, p. 191.
[12] *Neuvième rapport sur la politique de concurence*, Bruxelles-Luxembourg 1980, p. 115.

en train de se placer explicitement à l'intérieur de la procédure de l'article 93 relatif aux aides accordées par les Etats [13].

6. La Direction-Générale de la Concurrence, qui s'est occupée plus directement de l'élaboration du projet de la directive, fut confrontée à certaines résistances à l'intérieur même de la Commission: certains commissaires étaient conscients des résistances opposées par certains Etats membres et par le fait que «le jeu n'en valait pas la chandelle»; il y aurait d'autres problèmes prioritaires à résoudre.

De toute façon, la Commission, le 25 juillet 1979, prend une décision qui établit les orientations générales du projet de directive [14] et convient de consulter le Parlement européen, le Comité économique et social et les Etats membres: «en prenant cette décision, la Commission se réservait de prendre ultérieurement position sur base des enseignements à tirer de ces consultation...» [15].

Cependant, ce sera la position du Parlement européen concernant le projet de directive qui aidera à dépasser les résistances encore sensibles.

Dans sa résolution sur le «Huitième rapport» sur la politique de concurrence, du 13 octobre 1979, le Parlement, ayant pris connaissance des orientations générales du projet de directive, réaffirme à ce sujet «sa volonté que soit recherchée, tout en sauvegardant l'efficacité des missions particulières qui leur sont imparties, une égalité totale des conditions de concurrence

---

[13] Cf., sur le projet de directive, JEAN CONSTANTINI, «Concurrence et entreprises publiques communautaires», *Revue Suisse du Droit International de la Concurrence*, mai 1980, pp. 1-12.

[14] «Orientations générales de la Commission pour l'élaboration d'une directive relative à la transparence des relations financières entre les Etats membres et les entreprises publiques». C (79) 761 final.

[15] *Op. cit.*, note 12, p. 155.

entre les entreprises privées et les entreprises publiques opérant dans le domaine concurrentiel» [16].

Des consultatioins menées par la Commission avec les Etats membres, on aura l'écho de l'opposition de certains Etats membres.

De toute manière, nous devons nous référer au Centre Européen de l'Entreprise Publique — association internationale — et à ses avis relatifs au projet de directive. Le C.E.E.P., tout en ayant une position très constructive, a toujours exprimé auprès de la Commission son opposition au projet de directive [17].

La Commission, le 25 juin 1980, arrête la directive [18] tout en sachant que quelques Etats membres introduiraient des recours en Cour de Justice pour demander l'annulation de cette directive.

---

[16] Publiée au J.O.C.E. C 85 du 8-4-80, point 16, p. 42.

[17] Cf. «Communication sur le comportement économique des entreprises publiques sur le marché des Communautés Européennes», octobre 1978, C.E.E.P. 78/avis 10: «Note sur les aspects économiques du comportement économique des entreprises publiques», octobre 1978, C.E.E.P. 78/avis 10, annexe I: «Note sur les aspects juridiques du comportement économique des entreprises publiques», octobre 1978, C.E.E.P. 78/avis 10, annexe II: «premières observations du C.E.E.P. relatives aux relations financières entre les Etats membres et leurs entreprises publiques», avril 1979, C.E.E.P. 79/avis 14: «Prise de position générale du C.E.E.P. sur la proposition de directive des services de la Commission des Communautés Européenes relative à la transparence des relations financières entre les Etats membres et leurs entreprises publiques», mars 1980, C.E.E.P. 80/avis 5.

[18] J.O.C.E., n.° L 195/35 du 29-7-80.

II — *La Directive relative à la transparence des relations financières entre les Etats-membres et les entreprises publiques.*

Fondée sur le Traité instituant la Communauté Economique Européenne, et notamment sur son article 90, paragraphe 3, la Commission va essayer, dans les considérants, de justifier la nécessité de cette directive.

Elle commence par affirmer que, en vertu du Traité, elle a le devoir de s'assurer que les Etats membres n'accordent pas, aux entreprises tant publiques que privées, des aides incompatibles avec le Marché commun (référence à l'article 93) [19].

---

[19] L'article 93 dispose:

«1. *La Commission procède avec les Etats membres à l'examen permanent des régimes d'aide existant dans ces Etats. Elle propose à ceux-ci les mesures utiles exigées par le développement progressif ou le fonctionnement du marché commun.*

2. *Si après avoir mis les intéressés en demeure de présenter leurs observations, la Commission constante qu'une aide accordée par un Etat ou au moyen de ressources d'Etat, n'est pas compatible avec le marché commum aux termes de l'article 92, ou que cette aide est appliquée de façon abusive, elle décide que l'Etat intéressé doit la supprimer ou la modifier dans le délai qu'elle détermine.*

Si l'Etat en cause ne se conforme pas à cette décision dans le délai imparti, la Commission ou tout autre Etat intéressé peut saisir directement la Cour de Justice, par dérogation aux articles 169 et 170.

Sur demande d'un Etat membre, le Conseil, statuant à l'unanimité, peut décider qu'une aide, instituée ou à instituer par cet Etat, doit être considérée comme compatible avec le marché commun, en dérogation des dispositions de l'article 92 ou des règlements prévus à l'article 94, si des circonstances exceptionnelles justifient une telle décision. Si, à l'égard de cette aide, la Commission a ouvert la procédure prévue au présent paragraphe, alinéa 1, la demande de l'Etat intéressée adressée au Conseil aura pour effet de suspendre ladite procédure jusqu'à la prise de position du Conseil.

Toutefois, si le Conseil n'a pas pris position dans un délai de trois mois à compter de la demande, la Commission statue.

La Commission constate ensuite, dans ses considérants, qu'étant donné la complexité des relations financières des pouvoirs publics nationaux avec les entreprises publiques, sa tâche de surveillance, en ce qui concerne les aides étatiques, est entravée par cette même complexité: d'où la nécessité d'obliger les Etats membres à rendre transparentes leurs relations financières avec les entreprises publiques.

L'article 1.*er* de la directive établit que les Etats membres assurent cette transparence, qui doit être garantie, par le fait qu'ils feront ressortir les mises à disposition de ressources publiques — effectuées directement, par l'intermédiaire d'autres entreprises publiques ou encore par l'intermédiaire d'institutions financières — aux entreprises publiques concernées et leur utilisation effective.

L article 3 énumère, de manière non exaustive («notamment»), les relations financières dont la transparence doit être assurée: la compensation des pertes d'exploitation; les apports en capital ou en dotation; les apports à fonds perdus ou les prêts à des conditions priviligiées; l'octroi d'avantages financiers sous forme de la non-perception de bénéfices ou du non-recouvrement de créances; la renonciation à une rémunération normale des ressources publiques engagées et la compensation de charges imposées par les pouvoirs publics.

L article 5 établit que les Etats membres doivent, pendant cinq ans, tenir à la disposition de la Commission les données relatives aux relations financières et les lui communiquer sur demande. En plus de ces données, la Commission peut exiger des Etats membres les éléments d'appréciation éventuellement

---

3. *La Commission est informée, en temps utile pour présenter ses observations, des projets tendant à instituer ou à modifier des aides. Si elle estime qu'un projet n'est pas compatible avec le marché commun, aux termes de l'article 92, elle ouvre sans délai la procédure prévue au paragraphe précédent. L'Etat membre intéressé ne peut mettre à exécution les mesures projetées, avant que cette procédure ait abouti à une décision finale».*

nécessaires et notamment les objectifs poursuivis (article 5 paragraphe 2).

Comme il s'agit d'entreprises publiques dont les activités s'exercent en concurrence avec celles d'autres entreprises, *l'article* 6 assure le secret professionnel concernant les informations recueillies.

L article 2 dispose tout d'abord ce qu'on doit entendre par «pouvoirs publics» au sens de la directive: l'Etat, ainsi que d'autres collectivités territoriales. Ensuite, ce même article établit ce qui doit être considéré comme entreprise publique au sens de cette directive (et au sens, donc, du paragraphe ler le l'article 90 du Traité C.E.E.): toute entreprise sur laquelle les pouvoirs publics peuvent exercer directement ou indirectement une influence dominante du fait de la propriété, de la participation financière ou des règles qui la régissent.

Selon ce même article, l'influence dominante est présumée lorsque les pouvoirs publics détiennent, directement ou indirectement, à l'égard de l'entreprise, la majorité du capital souscrit, disposent de la majorité des voix attachées aux parts émises ou encore peuvent désigner plus de la moitié des membres de l'organe d'administration, de direction ou de surveillance de l'entreprise.

L'article 4 établit des exclusions, au champ d'application de la directive, tant sectorielles que quantitatives: les entreprises publiques de prestation de services dont l'activité n'est pas susceptible d'affecter sensiblement les échanges entre les Etats membres; les entreprises publiques qui exercent leur activité dans le domaine de l'eau et de l'énergie, y compris l'énergie nucléaire, la production de l'uranium, son enrichissement et le retraitement des combustibles irradiés, l'élaboration des matériaux plutonigènes; les établissements de crédit publics ainsi que les entreprises publiques des domaines des postes et des télécommunications et des transports; et enfin, les entreprises publiques dont le chiffre d'affaires, hors taxes, n'a pas atteint un total de 40 millions d'unité de compte européennes pendant les deux exercices annuels précédant celui de la mise à disposition ou de l'utilisation des ressources visées à l'article ler.

L'article 8 établit que les Etats membres prennent les mesures nécessaires pour se conformer à la présente directive le 31 décembre 1981 au plus tard [20].

Avant l'expiration de ce délai, les gouvernements français, italien et anglais ont intenté, respectivement le 16, le 18 et le 19 septembre 1980, des recours contre la Commission en application de l'article 173 du Traité C.E.E en demandant l'annulation de cette directive. La République Fédérale d'Allemagne et le Royaume des Pays-Bas ont été admis comme parties intervenantes pour soutenir la Commission qui demande à la Cour de rejeter les recours comme non fondés.

---

[20] Cf., pour une analyse de la directive et des problèmes juridiques sous-jacents, R. MONACO «Community controls over public undertakings», *Mezzogiorno d'Europa*, 1981, pp. 31-52.

III — *Le recours en annulation de trois Etats membres et l'arrêt de la Cour de Justice: analyse des principaux moyens* [21].

1. *La conception générale dominante quant à l'article 90.*

Il est évident que les articles 85 et 86 du Traité C.E.E., en interdisant les ententes et l'exploitation abusive d'une position dominante, ne distinguent pas entre entreprises publiques et entreprises privées [22].

Mais il paraît qu'au moment de la discussion et de l'élaboration des règles de concurrence du Traité C.E.E., les pays du Bénélux, conscients de l'importance du secteur public de la France et de l'Italie, auraient posé toute une série de problèmes: l'article 90 aurait été rédigé dans un climat tendu. Ceci éclaire les propos du Baron SNOY ET D'OPPUERS quand il soulignait qu'on aurait demandé, sur ce point, aux rédacteurs du Traité «de ne pas être trop clairs parce que, sinon, cela aurait passé difficilement devant les parlements...» [23].

Ce «manque de clarté» expliquerait aussi, en partie, que cette disposition se trouve dans la section première du chapitre des règles de concurrence relative aux règles applicables aux

---

[21] Cet arrêt n'est pas encore publié au Recueil de la jurisprudence de la Cour de Justice des Communautés Européennes. Les références à l'arrêt et aux conclusions de l'Avocat Général portent sur les textes offset fournis par les services de la Cour.

[22] Les auteurs du Traité n'ont pas voulu, bien entendu, soustraire les entreprises publiques aux règles de la concurrence: cela aurait constitué une «discrimination injustifiée et aurait faussé les conditions de la concurrence entre les secteur public et le secteur privé». Cf. M. WAELBROECK, *op. cit.*, note 4, p. 83.

[23] Cité par P. A. FRANCK qui parle aussi de «véritable compromis»; «Entreprises visées aux articles 90 et 37» in *Entreprise publique et la concurrence*, semaine de Bruges, 1968, p. 23.

entreprises avec un premier paragraphe qui impose des obligations aux Etats membres [24].

Nous devons souligner, en premier lieu que l'article 90 ne restreint en aucune façon le principe de l'article 222 («le présent traité ne préjuge en rien le régime de la propriété dans les Etats membres») qui garantit la neutralité fondamentale de celui-ci à l'égard du régime de la propriété dans les Etats membres.

Les Etats membres restent libres de déterminer l'étendue, la composition et l'organisation interne de leur secteur public et gardent toute autonomie d'introduire les réformes qu'ils estiment nécessaires [25].

D'autre part, on constate que la jurisprudence de la Cour de Justice, relative aux quelques cas où elle s'est prononcée sur l'article 90, ne nous apporte presque pas d'éléments concernant les problèmes soulevés par ce litige. Les cas les plus importants sont: l'affaire 10/71, «Port de Mertert», qui concerne l'effet direct du paragraphe 2 de l'article 90 relatif aux «entreprises chargées de la gestion de services d'intérêt économique général ou présentant le caractère d'un monopole fiscal» [26] et l'affaire 155/73, «Sacchi», qui concerne surtout

---

[24] Cf. PETER SCHINDLER, et notamment les auteurs allemands, IPSEN et HUTH, cités dans sons article: «Public enterprises and the EEC Treaty», *Common Market Law Review*, 1970, p. 58. Cependant, ALAN C. PAGE considère que cette affirmation «can be reasonably countered that the underlying theme of articles 85 to 90 is not the person addressed but the behaviour to be regulated, i.e. that of undertakings whoever their owners may be. The fact that one proceeds in certain cases against the Member State is secondary to this main focus of this section. In this respect its title is incidental.», in «Member States, Public undertakings and Article 90», *European Law Review*, 1982, p. 22.

[25] Quelques auteurs défendent que certaines dispositions et surtout les objectifs poursuivis par le Traité C.E.E. limiteraient cette liberté, notamment en ce qui concerne l'étendue de ce secteur: cf. ARVED DERINGER in *Equal treatment of public and private enterprises*, vol. 2, F.I.D.E., Copenhagen, 1978 et L. CONSTANTINESCO, «La constitution économique de la C.E.E.», *Revue Trimestrielle de Droit Européen*, 1977, p. 276.

[26] Recueil, 1971, pp. 723 et ss.

les entreprises auxquelles les Etats membres «accordent des droits spéciaux ou exclusifs» visées au paragraphe 1 de l'article 90 [27].

Le paragraphe 1 de l'article 90 précise que «les Etats membres, en ce qui concerne les entreprises publiques et les entreprises auxquelles ils accordent des droits spéciaux ou exclusifs, n'édictent ni ne maintiennent aucune mesure contraire aux règles du présent traité, notamment à celles prévues aux articles 7 et 85 à 94 inclus».

Cette disposition semble chercher tout d'abord à éviter que l'intervention de l'Etat — étant donné les relations particulières avec ses entreprises — ait pour effet de fausser la concurrence entre d'un côté, les entreprises publiques et celles qui jouissent des droits spéciaux ou exclusifs (publiques ou privées), et de l'autre côté, les entreprises privées. Cependant, comme écrit M. WAELBROECK: «L'obligation a une portée générale, dépassant celle que l'on serait tenté de lui donner en raison de sa place dans le traité. Les limitations apportées à la compétence des Etats membres concernent toutes les mesures contraires aux règles du traité, lequel doit être considéré dans l'ensemble de ses dispositions. Les articles 7 et 85 à 94 ne sont visés qu'à titre d'exemples, comme l'indique l'emploi de l'adverbe notamment » [28].

La grande majorité de la doctrine considère que cette disposition n'est qu'une application particulière du principe général établi par l'article 5 alinéa 2 du Traité C.E.E. qui impose aux Etats membres de s'abstenir de «toute mesure susceptible de mettre en péril la réalisation des objectifs de ce traité» [29].

---

[27] Recueil, 1974, pp. 409 et ss.

[28] *Op. cit.*, note 4, p. 87.

[29] Cf. entre autres: PAPPALARDO, «Régime de l'article 90: aspects juridiques» in *Entreprises publiques et la concurrence*, Semaine de Bruges, 1968; NICOLAS CATALANO, «Application des dispositions du Traité C.E.E. et notamment des règles de concurrence aux entreprises publiques» in *Festschrift für*

D'ailleurs, la Cour s'est prononcée, dans l'affaire «INNO c/ATAB» dans le sens d'une répétition par l'article 90 paragraphe 1, dans un cadre plus spécifique, de l'interdiction générale énoncée à l'article 5 [30]. Dans l'attendu 42 de son arrêt elle affirme que «l'article 90 ne constitue de toute manière qu'une application particulière de certains principes généraux qui s'imposent aux Etats membres».

La particularité de l'article 90 par rapport au principe général de l'article 5 alinéa 2 se traduirait dans le fait que la Commission se voit attribuer des pouvoirs par le paragraphe 3 de l'article 90 en cas de violation par les Etats membres de leurs obligations: «la Commission veille à l'application des dispositions du présent article et adresse, en tant que de besoin, les directives ou décisions appropriées aux Etats membres».

Cela veut dire que, dans la pratique, la Commission dispose, pour assurer le respect des obligations imposées aux Etats membres par l'article 90, de «pouvoirs renforcés» par rapport à ceux qu'elle se voit attribuer en vertu de l'article 169 du Traité C.E.E.. Toutefois, il ne faut pas exagérer l'importance de ces pouvoirs renforcés «parce que si l'Etat en cause ne se conforme pas à la directive ou à la décision, il ne reste que le recours à l'article 169» [31].

2. *L'étendue de la compétence accordée par le paragraphe 3 de l'article 90 à la Commission est fonction de l'interprétation du paragraphe 1 de ce même article.*

Otto Riese, 1964, pp. 133 et ss.; W. Van Gerven «Traitement égal d'entreprises privées et publiques en droit belge» in *Equal treatment of public and private enterprises*, vol. 2, F.I.D.E., Copenhagen, 1978, pp. 2.1 et ss.; B. Goldman, *Droit commercial européen*, Paris, 1975, p. 307; C.-A. Colliard, «Le régime des entreprises publiques» in *Droit des Communautés Européennes*, Les Novelles, 1968, pp. 2149 et ss.

[30] Recueil, 1977, p. 2115.
[31] Pappalardo, *op. cit.*, note 29, p. 81.

a. Il est explicité dans les considérants de la directive que la finalité de celle-ci serait de permettre à la Commission de contrôler le respect de l'obligation des Etats membres de lui notifier, conformément à l'article 93 paragraphe 3, toute institution ou modification d'une aide étatique en faveur d'entreprises publiques appartenant au domaine concurrenciel. Selon la Comission, la seule manière de pouvoir contrôler de manière efficace le respect de cette obligation, en ce qui concerne les entreprises publiques, serait d'obliger les Etats à établir des relations financières transparentes avec ces entreprises.

Pour les gouvernements des trois Etats membres, qui ont introduit le recours en annulation, la compétence pour règlementer les aides étatiques est dévolue au Conseil, en vertu de l'article 94:

> «le Conseil, statuant à la majorité qualifiée sur proposition de la Comission, peut prendre tous règlements utiles en vue de l'application des articles 92 et 93 et fixer notamment les conditions d'application de l'article 93, paragraphe 3, et les catégories d'aides qui sont dispensées de cette procédure».

Les gouvernements britannique et italien défendent qu'on ne saurait reconnaître une compétence concurrente de la Commission, s'agissant dès lors d'un domaine où le Conseil est compétent. Toutefois, le gouvernement français admet qu'une compétence concurrente de la Commission dans ce domaine pourrait être reconnue en cas de disposition expresse du Traité en ce sens.

Mais le pragraphe 3 de l'article 90 n'attribuerait pas — et là-dessus les trois gouvernements sont d'accord — une compétence de ce type à la Comission: cette disposition autoriserait simplement la Commission à adresser des *injonctions* aux Etats membres en tant que de besoin, c'est-à-dire, lorsque ceux-ci édictent ou maintiennent des mesures contraires aux règles prévues notamment aux articles 85 à 94; elle ne conférerait en aucune façon une compétence qui se traduirait dans un pouvoir de réglementer de manière générale l'application, aux entreprises publiques, de l'ensemble des dispositions du Traité [32].

Or, la Commission aurait à travers cette directive complété les procédures prévues en matière d'aides étatiques en ajoutant à l'obligation de communication prévue par le paragraphe 3 de l'article 93 une nouvelle obligation: l'obligation de la transparence des relations financières, en ce qui concerne les entreprises publiques, telle qu'elle est conçue dans l économie de la directive.

La Commission a une autre conception de l'article 90. Pour elle, le fait que le paragraphe 1 de l'article 90 renvoye, pour ce qui est de son contenu matériel, aux autres dispositions du Traité, n'empêche pas que cette disposition ait aussi une signification *autonome*: la mise en oeuvre de l'article 90 ne serait pas dépendante de l'existence d'infractions aux autres dispositions du Traité.

Et cela parce que, selon elle, si l'Etat prend une mesure vis-à-vis d'une entreprise publique contraire au Traité, «les règles normales de répression entreraient en jeu»; or, l'utilité des pouvoirs qui lui sont conférés par le paragraphe 3 de l'article 90 auraient surtout un sens dans les cas où les mesures contraires aux règles du Traité ne peuvent être appréhendées par l'application des règles de fond et de procédure. D'où le caractère *complémentaire* du paragraphe 3 de l'article 90 dans la mesure où celui-ci permettrait à la Commission d'agir *préventivement*, c'est-à-dire, d'agir dans le domaine des entreprises publiques à

---

[32] Ce qui fait dire au gouvernement britannique que la «Commission serait dotée ainsi, à l'égard des entreprises publiques, d'une compétence ségislative potentiellement illimitée», arrêt, p. 31.

l'encontre de situations administratives nationales susceptibles de compromettre le rôle de la Commission en tant que gardienne du traité dans la mesure où on soupçonne ces situations d'occulter des pratiques irrégullières [33].

Mais la Commission n'aurait-elle pas exercé une compétence qui appartiendrait au Conseil en vertu de l'article 94? Dans son argumentation, la Commission essaie de réfuter cet argument.

Ce moyen nous oblige à centrer notre attention sur le système de contrôle des aides étatiques établi par les articles 93 et 94: il est certain que la clef de voûte de ce contrôle se trouve dans le paragraphe 3 de l'article 93.

L'économie de ce système implique une initiative de la part des Etats membres: ils doivent informer la Commission de tout projet d'aide nouvelle ou tendant à modifier les aides existantes [34]. Si les Etats membres n'informent pas la Commission de leurs «projets d'aides», celle-ci doit recourir à la procédure en manquement de l'article 169, qui ne visera pas à déterminer la compatibilité ou non de l'aide au regard de l'article 92, mais qui aura uniquement comme but de rétablir le fonctionnement correct du mécanisme de l'article 93.

Or, selon la Commission, dans ces cas, pour pouvoir introduire la procédure de l'article 169, elle doit pouvoir détecter ou déceler le «projet d'aide» qui ne lui a pas été informé: il faut qu'il s'agisse des projets d'aides «visibles» ou plus ou moins «visibles». Ensuite, elle constate que les rapports spécifiques d'ordre financier que les Etats membres maintiennent avec leurs entreprises publiques peuvent «occulter» des aides et, en plus,

---

[33] L'Avocat Général, Reischl, dans ce sens, parle de pouvoir «prophylactique» de la Commission, Conclusions, pp. 11-12.

[34] Cf., sur ce point, notamment G. SCHRANS, «National and Regional aid to industrie under de EEC Treaty», *The Common Market Law Review*, 1973, pp. 183 et ss.

les documents publiés dans les Etats membres ne lui permettraient pas de détecter ces «aides occultes» [35].

D'où sa conclusion que l'objet de la directive serait étranger au champ d'application des articles 92 et 93 et se situerait, donc, en-dehors du cadre de l'article 94: «la directive servirait uniquement à rendre évident le contexte financier qui permet à la Commission d'apprécier l'impact des actions envisagées et de surveiller la notification correcte des aides. Elle se situerait donc en-dehors et, plus précisément, en amont de la procédure de l'article 93» [36].

D'autre part, les gouvernements français et italien ont soutenu que la liste des relations financières établie par la directive excéderait manifestement les limites de la notion d'aide au sens du Traité. La Commission réplique que le domaine de la directive est plus vaste que celui des aides, mais qu'en aucune façon, les relations financières à rendre transparentes ne devraient être considérées «per se» comme aides étatiques au sens de l'article 92 [37]. La décision de savoir dans un cas concret dont l'analyse est rendue possible en raison de l'obligation de

---

[35] L'Avocat Général, REISCHL, constante que les articles 92 et 93 «ne disent rien quant à la manière dont, pour accomplir ses tâches, la Commission peut être informée des aides accordées ou des relations financières, qui doivent éventuellement être cossidérées comme des aides» et définit l'objectif de la directive contetéen comme étant «précisément de combler cette lacune spécialement en ce qui concerne les relations financières entre les Etats membres et leurs entreprises publiques», Conclusions, p. 20.

[36] Arrêt, p. 19.

[37] La Cour dans son arrêt, attendu 23, refuse l'argument de ces gouvernements selon lequel les relations financières établies par la directive impliqueraient, de la part de la Commission, une tentative de définir la notion d'aide. Il s'agirait pour la Cour «uniquement d'une précision des opérations financières dont la Commission estime devoir être informée en vue de contrôler si un Etat membre a accordé, sans respecter son obligation de notification conformément à l'article 93, paragraphe 3, des aides à l'entreprise en question» et elle conclut qu'il «n'est pas établi que la Commission, ce faisant, a dépassé les limites du pouvoir d'appéciation que lui réserve l'article 90, paragraphe 3».

transparence, s'il y a aide incompatible ou non, aurait lieu dans le cadre de l'article 93.

Mais la Commission ne nie pas que l'obligation de transparence inscrite dans la directive est, dans la réalité, une obligation nouvelle. Tout en acceptant que ses compétences en vertu de l'article 90 sont limitées à la surveillance des règles du traité et qu'il ne lui appartient donc pas de modifier les dispositions de fond, elle défend, toutefois, son pouvoir d'édicter les prescriptions instrumentales nécessaires pour que le Etats membres se conforment à ces règles: pouvoir de préciser les devoirs des Etats membres par une action préventive, en créant de la sorte une nouvelle obligation spécifique dont le non-respect pourra donner lieu à une procédure basée sur l'article 169 [38].

Une nouvelle obligation donc, mais qui, selon la Commission, n'ajouterait aucun effet juridique aux dispositions des articles 92 et 93 du traité C.E.E..

La Cour de Justice rejetera les arguments des trois Etats membres basés sur l'incompétence de la Commission étant donné que les règles contenues dans la directive auraient dû être arrêtées par le Conseil en vertu de l'article 94.

La Cour arrivera à sa conclusion en comparant les dispositions de l'article 94 avec celles de l'article 90 à travers une grille de lecture qui tiendra *seulement* compte des objets et des finalités de ces deux articles [39].

---

[38] La Commission avoue son objectif tactique qui était déjà proposé par Vandencasteele: «Cependant, la Commission pourra dans cette procédure arguer du non-respect par l'Etat des mesures prises par l'autorité communautaire plutôt que de devoir attaquer l'une ou l'autre pratique insidieuse et par nature difficile à prouver. Sa position en sera donc améliorée. L'Etat en refusant de se soumettre concrétise la violation du Traité que la Commission lui reproche.», «Libre concurrence et intervention des Etats dans la vie économique», *Cahiers de Droits Européen*, 1979, p. 544.

[39] Attendu 11.

Elle constante, tout d'abord, que les deux dispositions ont des objects différents. Et comment? Tout simplement, en disant, d'une part que l'article 94 «fait partie d'un ensemble de dispositions qui règlent le domaine des aides accordées par les Etats quels que soient les formes et les destinataires de ces aides» [40] et, d'autre part, que «au contraire, l'article 90 ne concerne que les entreprises pour le comportement desquelles les Etats doivent assumer une responsabilité particulière en raison de *l'influence qu'ils peuvent exercer sur ce comportement*» [41].

Et la Cour souligne aussi que les entreprises visées par l'article 90, sous réserve des précisions apportées par son paragraphe 2, sont soumises à l'ensemble des règles du Traité.

Responsabilité *particulière*, donc, des Etats membres vis-à-vis du *comportement* des entreprises publiques en raison de *l'influence* qu'ils peuvent exercer sur ce comportement. Consciemment, la Cour ne fait aucune référence à la forme négative de l'obligation imposée aux Etats membre par le paragraphe 1 de l'article 90: «n'édictent ni ne maintiennent aucune mesure contraire aux règles du présent traité...».

De cette façon, la Cour paraît s'orienter vers une interprétation extensive de la nature et de l'étendue de l'obligation imposée par cette disposition aux Etats, interprétation défendue par la Commission dans son «Septième rapport» sur la politique de concurrence relatif à l année 1976 [42]: les Etats membres

---

[40] Attendu 12.

[41] Pour la Cour, le fait que l'article 90 fasse partie de l'ensemble des règles applicables aux entreprises dans le domaine de la concurrence n'est pas du tout important. La Cour choisit clairement une interprétation large et autonome de l'article 90. Souligné par nous.

[42] Pp. 163 à 167. Cf., aussi, MATHIJSEN, «Egalité de traitement des entreprises dans le droit des Communautés Européennes», in *Equal treatment of public and private enterprise*, vol. 2, F.I.D.E., Copenhagen, 1978, pp. 11.1 et ss.; et ALFONSO MATTERA qui, déjà en 1973, prônait une interprétation plus ou moins de ce type, «La libération des marchés publics et semi-publics dans la Communauté», *Revue du Marché commun*, 1973, pp. 217 a 220.

seraient obligés non seulement à ne pas «édicter et maintenir des mesures...» mais aussi à prendre toute mesure nécessaire à assurer que les entreprises publiques n'enfreignent pas les règles du Traité.

On doit donc distinguer deux types de situations: celle où l'Etat contraint, par n'importe quelle mesure, l'entreprise publique à se comporter d'une manière incompatible avec les règles du Traité et l'autre où l'entreprise publique de «motu proprio», c est-à-dire, à travers un comportement autonome, enfreint les règles du Traité [43].

Mais cette deuxième situation, qui implique une obligation supplémentaire par rapport à ce qui est prévu par l'article 90, paragraphe 1, nécessite d'être explicitée. Normalement, si une entreprise publique a un comportement autonome criticable, les règles du Traité, qui règlent le comportement de toute entreprise, s'appliquent (articles 85 et 86). Et alors, quelle est l'utilité de la distinction faite ci-dessus? [44]

Très importante, nous dit la Commission: cette interprétation viserait à souligner que les entreprises publiques sont soumises, en plus des obligations imposées par le Traité à toute entreprise, aux dispositions du Traité qui règlent le comportement des Etats. Et la Commission pense surtout aux obligations des Etats en ce qui concerne la libre circulation des marchandises: si une entreprise publique à travers un comportement autonome favorise systématiquement dans ses achats l'offre nationale, quid juris? [45].

Aucune règle du Traité n'interdit aux entreprises publiques ou privées de s'approvisionner systématiquement en biens

---

[43] Cf. ALAN C. PAGE, *op. cit.*, note 42, p. 25.

[44] Cf. MATHIJSEN, *op. cit.*, note 42, p. 11.4.

[45] Si l'Etat contraint, incite ou influence l'entreprise publique, la Commission pourra sans grands problèmes, selon cette interprétation, employer le paragraphe 3 de l'article 90 ou la procédure prévue à l'article 169.

nationaux: les entreprises jouissent de toute liberté sur ce point. Cependant, la Commission considère [46] que les cas des entreprises publiques est spécial et que, dès lors, il faut exiger des Etats membres qu'ils s'assurent que ces entreprises n'aient pas de comportements qui, s'ils étaient le fait de l'Etat lui-même, constitueraient une violation du Traité. Et MATHIJSEN, pour renforcer cette démarche, finit par conclure que «le comportement d'une entreprise visée à l'article 90, est, en droit, le comportement de l'Etat lui-même» [47].

En resumé: d'un côté, la Commission surveille si les Etats membres maintiennent des rapports avec les entreprises publiques publiques compatibles avec le Traité; d'un autre côté, la Commission surveille si les Etats membres surveillent le comportement autonome des entreprises publiques en tenant compte que ces entreprises sont soumises aussi aux dispositions du Traité qui règlent le comportement des Etats mêmes. Et si l'Etat membre ne disposait pas des pouvoirs nécessaires pour amener une entreprise publique à avoir un comportement autonome compatible il pourrait se voir obligé à combler cette lacune par la Commissioin à travers le paragraphe 3 de l'article 90 [48].

La manière dont la Cour envisage l'objet et la finalité du paragraphe 1 de l'article 90 paraît favoriser très fortement une interprétation de ce type renforcée encore par son affirmation du fait que l'article 90 «souligne que lesdites entreprises, sous réserve des précisions apportées par son paragraphe 2, *sont soumises à l'ensemble des règles du traité*» [49].

Cependant, l'objet et la finalité de l'article 90 paraît se réduire, dans l'arrêt de la Cour, à la responsabilité des Etats

---

[46] MATHIJSEN, *op. cit.*, note 42, p. 11.5.
[47] MATHIJSEN, *op. cit.*, note 42, p. 11.5.
[48] Cf. «Sixième rapport» sur la politique de concurrence, pp. 165-166.
[49] Attendu 12. Souligné par nous.

membres en raison de l'influence qu'ils peuvent exercer sur le comportement des entreprises publiques: les «mesures» qui ne déterminent pas un comportement de ces entreprises — surtout les aides étatiques — ne seraient-elles donc pas visées par l'article 90? En fait, non parce que la Cour termine son attendu 12 en précisant que cet article «enjoint aux Etats membres de repecter les règles du traité dans leurs rapports avec ces entreprises et il impose à la Commission un devoir de vigilance à cet égard qui, en tant que de besoin, peut être exercé par l'adoption de directives et de décisions adressées aux Etats membres».

De toute façon, l'interprétation faite par la Cour du paragraphe 3 de l'article 90 est pour nous décisive pour pouvoir affirmer qu'elle finit par établir les fondements jurisprudentiels — à travers une démarche volontairement formaliste dont le but serait de déguiser «l'effet utile» — d'interpétations du type de celles proposées par la Commission ou par MATHIJSEN.

Après avoir souligné la différence, au niveau de l'objet et finalités, des articles 90 et 94, la Cour constante encore une différence en ce qui concerne «les conditions posées à l'exercice des compétences que les deux dispositions confèrent». D'un côté, l'article 94 «permet au Conseil de prendre tous règlements utiles en vue de l'application des articles 92 et 93» et, d'un autre côté, «au contraire, la compétence conférée à la Commission par l'article 90, paragraphe 3, se limite aux directives et aux décisions qui sont nécessaires en vue d'accomplir, d'une manière efficace, le devoir de surveillance que lui impose ce même paragraphe» [50].

Et ici, on commence à comprendre l'idée que la Cour se fait du paragraphe 3 de l'article 90: celui-ci impose un devoir de surveillance ou de vigilance à la Commission tout en lui attribuant les moyens nécessaires (directives et décisions) à son exercice;

---

[50] Attendu 13.

cette disposition, en accordant à la Commission le pouvoir «d'adresser des directives ou décisions aux Etats membres» ne viserait pas les «mesures contraires aux règles du Traité» que ceux-ci «édictent ou maintiennent» (paragraphe 1 de l'article 90) mais viserait exclusivement à accorder à la Commission les instruments nécessaires à l'exercice de son devoir-pouvoir de surveillance, «qua tale» [51].

Et quelle sera l'étendue de ce devoir-pouvoir de surveillance? Si on suit le raisonnement de la Cour, et surtout l'attendu 12 de son arrêt, le devoir de vigilance de la Commission s'étendrait à l'obligation de surveillance des Etats membres («responsabilité particulière») vis-à-vis du comportement des entreprises publiques, au respect de la part des entreprises publiques de l'ensemble des règles du traité et au respect de la part des Etats-membres de ces règles dans leurs rapports avec ses entreprises.

Dans le cadre de cette mission de surveillance, et en fonction de ses besoins, la Commission adresse des directives ou des décisions aux Etats-membres et cette compétence est liée «aux nécessités inhérentes à son devoir de surveillance visé à l'article 90» [52].

Large pouvoir-devoir de vigilance, large compétence dépendante du pouvoir d'appréciation de la Commission dont on perçoit très difficilement les limites [53].

Ainsi, il ne faut point s'étonner que la Cour ait très facilement résolu le problème de la compétence concurrente: «l'éventualité d'une règlementation édictée par le Conseil en application de

---

[51] En choisissant cette interprétation, la Cour évacue, c'est-à-dire, élimine de la discussion, le problème de l'interprétation de la notion de «mesure contraire...» utilisée par le paragraphe 1 de l'article 90 et que nous analyserons dans le point suivant de ce chapitre.

[52] Attendu 14.

[53] Le problème invoqué au cours de la procédure de savoir si l'obligation de transparence inscrite dans la directive était ou non une nouvelle obligation, est ainsi très facilement évacué.

son pouvoir général en vertu de l'article 94, et comportant des dispositicns qui toucheraient au domaine spécifique des aides octroyées aux entreprises publiques, ne fait pas obstacle à l'exercice de cette compétence par la Commission» [54].

b. Pour le gouvernement britannique, le problème n'est pas le traitement des entreprises publiques — il partage le point de vue selon lequel le contenu essentiel de l'article 90 est que les entreprises publiques sont soumises aux mêmes obligations que les entreprises privées — mais plutôt le maintien de *l'équilibre institutionnel* au sein de la Communauté.

Le point central de l'argumentation de ce gouvernement se traduisait dans le fait que, selon lui, si on accepte l'interprétation de l'article 90 proposée par la Commission et soutenue par la R.F.A. et les Pays-Bas, on porterait gravement atteinte à l'équilibre des pouvoirs des institutions communautaires. Le paragraphe 3 de l'article 90 ne permettrait pas à la Commission de demander aux Etats membres davantage que le simple respect des règles prévues par le Traité. Il ne serait pas possible «de reconnaître des compétences implicites pour concrétiser les obligations visées au paragraphe 1 de l'article 90; au surplus, la directive en cause ne préciserait pas quelles sont les règles existantes, mais elle créerait plutôt des obligations nouvelles» [55]. Et le gouvernement britannique conclut, en touchant au noeud de la question, que «la compétence spécifique, dévolue à la Commission par le traité, de veiller à l'application de certaines dispositions, n'impliquerait pas en plus la compétence d'établir des règles rendant cette application possible» [56].

Certes, le gouvernement britannique avait fondé son argumentation surtout sur une distinction entre deux sortes

---

[54] Attendu 14.
[55] Arrêt, p. 46.
[56] Arrêt, p. 46.

de directives [57] et sur le fait que «sauf l'exception de l'article 48, paragraphe 3 *d*), qui parle de «règlements d'application», la Commission ne serait pas habilitée à adopter des règlements et elle n'aurait pas non plus, sauf dans des cas exceptionnels très limités et de nature transitoire, le pouvoir d'adopter des directives»; ce qui a permis à la Cour de réfuter cette argumentation en affirmant que «des limites à la compétence conférée à la Commission par une disposition spécifique du Traité ne sauraient être déduites d'un principe général, mais d'une interprétation des termes propres de la disposition en cause, en l'occurrence de l'article 90, analysés à la lumière de sa finalité et de sa place dans l'économie du traité» [58].

Certes, la Cour présente correctement le problème en termes juridiques, cependant comme c'est elle qui établi l'interprétation des dispositions du Traité, en utilisant les méthodes d'interprétation qui lui semblent plus «utiles», elle finira quand même par décider que le paragraphe 3 de l'article 90 impose à la Commission un devoir (-pouvoir) de surveillance tout en lui accordant la compétence d'établir, à travers des directives et des décisions, des règles lui permettant de mener, d'une manière efficace, ce même pouvoir-devoir de surveillance [59].

---

[57] La distinction faite par le gouvernement britannique entre directives qui prévoient des mesures législatives générales et directives qui prescrivent des mesures spécifiques à l'adresse d'un ou de plusieurs Etats membres, nous paraît pertinente surtout si on tient compte de la pratique des institutions communautaires (Conseil et Commission). La directive est devenue, à travers cette pratique, et à certains égards, un acte «innomé». Cf., mon article «L'effet direct des directives: une mythification?», *Revue Trimestrielle de Droit Européen*, 1981, pp. 424 et ss., et aussi, la première étude de mon volume *Dois Estudos de Direito Europeu*, Comunicações, F.E.U.C., Coimbra, 1983, intitulée «O efeito jurídico das directivas comunitárias na ordem interna dos Estados membros».

[58] Attendu 6.

[59] L'Avocat Général, dans ses Conclusions, p. 13, fait référence, pour renforcer cette position, à l'ordonnance du 17/1/1980 dans l'affaire 792/79 R- «Camera Care Lda c. Commission», Recueil, 1980, pp. 119 et ss.. Cf., cependant

L'équilibre institutionnel qui est une réalité indéniable dans le cadre du traité C.E.E., ne serait-il pas atteint par des interprétations jurisprudentielles de ce type? Ou alors la Cour ayant constaté que l'équilibre institutionnel de la Communauté Economique Européenne s'est, dans la pratique, modifié à l'avantage du Conseil et au détriment de la Commission (qui sur de nombreux points est confinée dans le rôle d'un organe de préparation des décisions du Conseil), désire-t-elle ainsi contrarier cette tendance?

3. *La notion de «mesure contraire ...» utilisée par le paragraphe* 1 *de l'article* 90.

La Commission part du principe qu'il existe un manque de transparence des relations financières entre les Etats membres et leurs entreprises publiques.

En se basant sur certains modes de financement des entreprises publiques — l'émission publique d'actions ou d'obligations, la dotation en capital constituant tout ou partie du capital initial, le remplacement de capital perdu ou d'un prêt préalablement accordé — elle constate qu'en général, les montants globaux de ces mesures ressortent des documents officiels: cependant, la répartition des différents objectifs et l'emploi concret de ces fonds ne ressortent pas ou ressortent mal de ces informations; d'où le manque de transparence.

Ainsi, en analysant les résultats de la Régie Renault, la Commission ne parvient pas à détecter dans quelle mesure l'investissement de l'Etat français est rétribué: y aurait-il eu une renonciation à une rémunération normale des ressources publiques engagées?

---

l'excellente analyse de cette ordonnance faite par LAZAR FOCSANEANU, «Une décision inquiétante de la Cour de Justice des Communautés Européennes», *Revue Trimestrielle de Droit Européen*, 1980, pp. 284 e ss.

D'autre part, en analysant les résultats de l'Instituto per la Riconstruzione Industriale (I.R.I.) [60], la Commission constate qu'on peut savoir dans quelle mesure les dotations versées, dont les chiffres sont connus, ont été rémunérées, et quelles sont les pertes annuelles; cependant, sur base de ces informations, on ne pourrait jamais déterminer, dans quelle mesure les pertes sont à attribuer à des tâches non économiques imposées par l'Etat, ou sont le signe d'une exploitation déficitaire financée au moyen de ressources de l'Etat.

A cet égard, le gouvernement français conteste la pertinence de la comparaison faite par la Commission entre les politiques de distribution de Peugeot, Citroen et Renault. Il y aurait, dans ce domaine, tant pour les entreprises publiques que privées, une liberté d'action conforme au Traité, et les modalités de couverture de pertes seraient affaire de l'entreprise et de ses actionnaires.

D'autre part, ce gouvernement, et aussi dans une certaine mesure le gouvernement italien, contestent le manque de transparence: dans une societé démocratique, il existerait, concernant les relations de l'Etat avec les entreprises publiques, des sources d'information au moins aussi complètes que celles concernant les relations avec les entreprises privées et beaucoup plus précises que celles concernant les relations des entreprises privées entre elles.

Le gouvernement français fait remarquer ainsi qu'à l'intérieur des multinationales, certains mode de financement doivent être considérés comme des aides à certaines entreprises du groupe.

L'Avocat Général, G. REISCHL conteste, dans ses Conclusions, les arguments de ces Etats membres. Pour lui, l'importance de l'enjeu se traduit par le fait que les subventions accordées à des

---

[60] Un holding, constitué en 1936, qui associe le capital public en règle majoritaire, au capital privé, dans un cadre de droit privé (société anonyme); l'I.R.I., est un des holdings publics existant en Italie.

entreprises publiques «ne proviennent pas, comme les versements complémentaires de sociétaires privés à une entreprise, de la fortune privée de ces derniers qui sont soumis dans toutes les relations au risque de l'entreprise, mais proviennent directement ou indirectement de fonds du budget de l'Etat. Pour cette raison, le *danger* que, lors de l'utilisation de ces fonds, les *considérations commerciales*, qui sont celles d'un entrepreneur, ne jouent pas toujours un rôle, est plus grand» [61].

Et, en ce qui concerne les modes de financement des entreprises multinationales, tout en acceptant l'argument du gouvernement français, il conclut cependant «qu'il est indéniable, qu'en raison de la recherche du gain et du *caractère limité des ressources privées*, ces subventions doivent, tant du point de vue temporel que par leur ampleur, être plus limitées que dans le cas des subventions étatiques» [62].

Il nous semble que le problème central qui était ici en jeu concernait la notion de «mesures» visée par le § 1 de l'art. 90. Une grande partie de la doctrine lui attribue un sens large: il s'agirait aussi bien «d'actes juridiquement obligatoires (lois, décrets, arrêtés...) que des recommandations, incitations, instructions administratives et même les comportements de fait, par lesquels l'Etat influence l'activité d'entreprises visées par le § 1 art. 90» [63].

PAPPALARDO, en ce qui concerne les «mesures», établit une distinction qui nous paraît fort intéressante: il distingue entre les «mesures contraires aux règles du Traité» qui déterminent un comportement de la part des entreprises et celles qui ne supposent pas de comportement de la part des entreprises. Cette deuxième catégorie de mesures nous intéresse parce

---

[61] Conclusions, p. 24. Souligné par nous.

[62] Conclusions, p. 24. Souligné par nous.

[63] M. WAELBROECK, *op. cit.*, note 4, p. 87. Cf. aussi DERINGER, *op. cit.*, note 25, pp. 1.15 et ss.

qu'elle concerne le champ d'application «ratio materiae» de la directive contestée.

En fait, ces mesures s'identifieraient très largement avec les aides étatiques, quelles que soient leurs formes. Dans ces cas, s'il y a violation du Traité, elle découle de la mesure étatique: le comportement de l'entreprise publique n'aura joué aucun rôle.

Cependant, PAPPALARDO constate que ces situations peuvent poser des problèmes d'interprétation très difficiles à résoudre. Tout d'abord parce que ces aides peuvent découler de «considérations économiques générales tout à fait étrangères au problème de la concurrence entre secteurs économiques publics et privés» [64]. Ensuite, parce que se pose le problème de savoir comment la Commission, dans ces situations, pourra utiliser les pouvoirs qui lui sont conférés par le paragraphe 3 de l'article 90.

De toute façon, cet auteur est convaicu que l'article 93 paragraphe 2 attribue à la Commission un moyen d'intervention qui est au moins aussi efficace que celui qui est prévue par le paragraphe 3 de l'article 90: «on ne voit pas pourquoi en cas d'aide à une entreprise publique, la Commission préfèrerait avoir recours à cette dernière dispositioin, plutôt qu'à celle, spécifique, de l'article 93, paragraphe 2» [65].

Plus récemment, VANDENCASTEELE a posé le problème dans les termes suivants: «ce n'est qu'au cas où l'on cherche à appliquer le paragraphe 3 de l'article 90 qu'il sera important de définir les entreprises et les mesures visées par l'article 90. Et cela parce que dans les autres situations, il suffit en effet de faire usage des règles générales s'imposant de toute manière aux Etats membres» [66].

---

[64] *Op. cit.*, note 29, pp. 92-93.
[65] *Op. cit.*, note 29, p. 93.
[66] *Op. cit.*, note 38, p. 540.

Selon ce même auteur, les pouvoirs conférés à la Commission par le paragraphe 3 de l'article 90 seraient justifiés par le fait que les Etats membres ont des relations particulières avec leurs entreprises publiques qui favoriseraient l'exercice par les pouvoirs publics «d'une influence *insidieuse* dans ses formes et son caractère» [67].

En conséquence, les «mesures» visées par le paragraphe 1 de l'article 90 se distingueraient des règlementations et lois imposant des obligations aux entreprises en ce qu'elles ont un caractère informel qui les rend difficiles à déceler: il s agirait de «toute mesure à caractère insidieux, sans force juridique, prise par un Etat au vu de ses relations particulièrement étroites et de son pouvoir d'influence» sur les entreprises publiques [68].

La Commission s'est rapidement rendue compte qu'elle n'avait pas établi dans les considérants de la directive que le manque de transparence des relations financières entre les Etats membres et les entreprises publiques était une «mesure» au sens du paragraphe 1 de l'article 90. Aussi, dans son argumentation générale, elle commence par affirmer que les relations entre les pouvoirs publics et les entreprises publiques reposent sur des dispositions législatives ou budgétaires qui seraient donc des «mesures» au sens du paragraphe 1 de l'article 90. Et concluant rapidement que «le fait même qu'un Etat membre s'abstient de rendre transparentes ses relations financières, ne serait-ce que par inaction, constituerait une *mesure* au seus du Traité» [69].

Le gouvernement de la République Fédéral d'Allemagne, soutenant la Commission, défend que la notion de «mesure» au sens de l'article 90, paragraphe 1, doit être interprétée de manière extensive: elle viserait les mesures actives, mais aussi l'abstention d'agir, soit pour empêcher les entreprises publiques d'adopter

---

[67] *Op. cit.*, note 38, p. 544. Souligné par nous.
[68] *Op. cit.*, note 38, p. 546.
[69] Arrêt, p. 12. Référence à l'alinéa 1 de l'article 5 du Traité C.E.E..

un comportement ou de maintenir une situation contraire au traité, soit, si l'on se reporte entre autres aux obligations découlant de l'article 5 du traité, pour rendre transparentes les relations financières entre les Etats membres et les entreprises publiques. Et ce gouvernement conclut que «dans cette optique, le maintien pur et simple d'un manque de clarté, comportant le risque d'une violation du traité, constituerait une mesure contraire à ce dernier au sens de l'article 90, paragraphe 1. En arrêtant la directive en cause, la Commission se serait fondée à juste titre sur l'article 90, paragraphe 3» [70].

M. REISCHL, dans ses conclusions, fait une approche «originale» de ce problème: pour lui, les exemples cités à l'article 3 de la directive n'englobent que les relations financières qui doivent être considérées comme «mesures» au sens de l'article 90, paragraphe 1; «en effet, par une telle mesure, on doit entendre, si la disposition conserve son sens et son objectif, toute affectation de fonds ou tout octroi d'avantages financiers à des entreprises publiques par chaque institution des pouvoirs publics, en bref, toute action ou inaction dans le domaine financier» [71].

Finalement, la Cour ignorera cette problématique, étant donné son interprétation du pragraphe 3 de l'article 90: le pouvoir de la Commission d'adresser des directives et des décisions vise l'exercice de son pouvoir-devoir de surveillance et non les «mesures contraires au traité» que les Etats membres édictent ou maintiennent (paragraphe 1 de l'article 90). D'où la limitation de son analyse dans le cadre de cet arrêt au problème de savoir si les règles de la directive *étaient ou non nécessaires* pour permettre à la Commission d'exercer de façon efficace la mission de surveillance que lui confie l'article 90, paragraphe 3 [72].

[70] Arrêt, p. 37.
[71] Conclusions, p. 30.
[72] Attendu 16.

La Cour constate d'abord la diversité et la complexité des relations financières entre les Etats membres et leurs entreprises publiques déduites casuistiquement de l'existence de formes diverses d'entreprises publiques et des ramifications de leurs activités. Cette diversité et cette complexité rendraient le contrôle de la Commission plus difficile; les documents publiés par les pouvoirs publics et par les entreprises ne seraient pas suffisants. Et ainsi la Cour conclut que «dans ces conditions, *on ne saurait dénier le besoin*, pour la Commission, de chercher à obtenir des informations supplémentaires sur ces relations en établissant des critères communs pour tous les Etats membres et pour toutes les entreprises en cause» [73].

Est-ce que la Cour veut dire que la complexité et la diversité des relations financières sont en soi une «mesure» parce qu'elles empêchent la Commission de bien surveiller? De toute manière, la Cour se concentre surtout — tout en disant qu'il s'agit d'établir des critères communs à travers une directive, faisant ainsi référence à sa fonction primordiale d'harmonisation — sur le pouvoir d'appréciation réservé à la Commission par le paragrahe 3, de l'article 90, concluant que, en ce qui concerne les critères communs établis para la directive, les gouvernements requérants n'ont pas établi que la Commission a dépassé les limites de son pouvoir d'appréciation [74].

Comme on pouvait s'y attendre, le pouvoir d'appréciation de la Commission est d'une grande étendue...

---

[73] Attendu 18. Obligations aussi pour les entreprises publiques. Souligné **par** nous.

[74] Attendu 18.

4. *La notion d'entreprise publique utilisée par le paragraphe 1 de l'article 90.*

Comme nous l'avons vu, la directive contestée définit les notions de «pouvoirs publics» et d'«entreprise publique». Or, pour les gouvernements français et italien, la Commission aurait ainsi fait subir à l'article 90 une déformation, ce qui serait contraire au Traité.

La définition que la Commission donne des «pouvoirs publics» dans sa directive ne nous paraît pas soulever des problèmes. Le paragraphe 1 de l'article 90 en établissant que «les Etats membres n'édictent ni maintiennent», vise à créer une obligation à la charge des Etats et selon un principe de droit international, accepté par tous, les obligations des Etats produisent leurs effets à l'égard de tous les organes constituant la structure constitutionnelle de l'Etat. D'ailleurs, la Cour, dans son arrêt, ne se réfère même pas à ce moyen invoqué par les deux gouvernements.

Mais, en ce qui concerne la définition d'entreprise publique, il s'agit là d'un problème plus délicat qui fut même ressenti par la Commission au cours des travaux préparatoires de la directive. En effet, cette notion n'avait jamais été employée dans les instruments juridiques communautaires et n'avait jamais fait l'objet d'une interprétation de la Cour de Justice [75]. Cependant, il fallait délimiter le domaine auquel s'appliquerait l'obligation de transparence imposée par la directive, il fallait, donc, donner une définition «d'entreprise publique», tout en ayant conscience qu'on devrait rester à l'interieur des notions prévues par le Traité.

Comme nous avons aussi vu, l'article 90 se réfère à trois sortes d'entreprises: «entreprises publiques», «entreprises aux-

---

[75] Cf. les «Sixième» et «Septième rapports» sur la politique de concurrence.

quelles les Etats membres accordent des droits spéciaux ou exclusifs» et «les entreprises chargées de la gestion de services d'intérêt économique général ou présentant le caractère d'un monopole fiscal».

Nous ne pouvons que constater l'hétérogénéité des secteurs publics des Etats qui se reflète dans le fait que les auteurs nationaux ne parviennent pas à formuler une notion d'entreprise publique plus ou moins unitaire et aussi dans le fait que les doits nationaux n'établissent pas des définitions d'entreprise publique [76].

Mais, en ce qui concerne la notion d'«entreprise publique», utilisée par l'article 90 paragraphe 1 du Traité C.E.E., la doctrine est unanime pour affirmer qu'il faut attribuer à cette notion un contenu communautaire: il faut que le champ d'application de cette disposition soit nécessairement le même dans tous les Etats membres «sous peine de soumettre des entreprises qui exercent des fonctions similaires en fait à un régime dfférent en droit» [77].

Et, indépendamment de la démarche particulière de chaque auteur pour arriver à la détermination du contenu communautaire de la notion d'entreprise publique, ils sont tous d'accord pour affirmer que le caractère «public» d'une entreprise ne dépend pas uniquement des rapports de propriété, le critère décisif étant le pouvoir de contrôle ou l'influence particulière de l'Etat [78].

---

[76] Cf., cependant, certains efforts théoriques: ANDRÉ-G. DELION «La notion d'entreprise publique», *L'Actualité juridique. Droit administrative*, 1979, n.º 4, pp. 3 à 19; JEAN-FRANÇOIS ESCARMELLE et PATRICK MÉLIS «Essai de définition du concept d'entreprise publique», *Revue Internationale des Sciences Administratives*, 1981, pp. 365 à 376.

[77] M. WAELBROECK, *op. cit.*, note 4, p. 85.

[78] Cf., entre autres: NICOLA CATALANO, *op. cit.*, note 29, pp. 137-138; A. FRANCK, *op. cit.*, note 23, p. 35; A. DERINGER, «Les articles 90 et 37...» *Entreprises publiques et la concurrence*, Semaine de Bruges, 1968, p. 401; ANDRÉ

Alors, le problème que la Cour devrait résoudre paraît se formuler de cette manière: est-ce que la définition d'entreprise publique consacrée dans la directive contestée reste à l'intérieur de la notion prévue par le paragraphe 1 de l'article 90?

L'Avocat Général, REISCHL, dans ses Conclusions, estime que la Commission, pour atteindre le but poursuivi par la directive, se soit référée, en définissant l'entreprise publique «à l'influence dominante, décrite en détail dans cette directive, que les pouvoirs publics exercent sur les entreprises, n'est pas criticable et n'aboutit pas à modifier le contenu de l'article 90 paragraphe 1 du Traité C.E.E.» [79].

La Cour va cependant analyser ce moyen à travers une optique différente: est-ce que la Commission est restée dans les limites du pouvoir d'appréciation que lui confère le paragraphe 3 de l'article 90?

Tout d'abord, la Cour souligne que la notion d'entreprise publique, établie dans l'article 2 de la directive contestée, n'a pas pour but de *définir cette notion telle qu'elle figure à l'article 90 paragraphe 1 du Traité* [80]. La Cour aurait dû dire «n'aurait pu avoir comme but» car il est évident que la Commission visait la notion telle qu'elle figure à l'article 90. Cependant, la Cour souligne que la définition est établie «au sens de la présente directive» comme il découle de l'article 2 de la directive. A travers cette démarche, la Cour évacue le problème de l'interprétation de la notion d'entreprise publique visée par le paragraphe 1 de l'article 90.

Ensuite, une fois ce problème dépassé, la Cour affirme que la Commission, en définissant l'entreprise publique «au sens de la présente directive», a seulement prétendu «établir les

---

DELION, «Le rôle des entreprises publiques de la C.E.E.», in *La Constitution Economique Européenne*, Liège, La Haye, 1971, p. 359; THIESING, SCHROTER, HOCHBAUM, *Les ententes et les positions dominantes dans le droit de la C.E.E.*, éd. Jupiter et Navarre, pp. 274 et ss..

[79] Conclusions, p. 38.

[80] Attendu 24.

critères nécessaires pour circonscrire le groupe d'entreprises dont les relations financières avec les pouvoirs publics sont soumises à l'obligation d'information visée par la directive» [81]. Le problème se pose alors de savoir si ces critères dépassent le pouvoir d'appreciation sous-jacent à l'obligation de surveillance imposée à la Commission par le paragraphe 3 de l'article 90. Et la Cour conclut: «la raison pour laquelle les dispositions de l'article 90 ont été insérées dans le traité est justement l'influence que les pouvoirs publics peuvent exercer sur les décisions commerciales des entreprises publiques. Cette influence peut s'exercer sur la base soit d'une participation financière, soit de règles régissant la gestion de l'entreprise. En choisissant ces mêmes critères pour déterminer les relations financières sur lesquelles elle doit pouvoir obtenir des informations en vue d'accomplir son devoir de surveillance en vertu de l'article 90, paragraphe 3, la Commission est restée dans les limites du pouvoir d'appréciation que lui confère cette disposition» [82].

5. *Le principe d'égalité de traitement: entreprises publiques et entreprises privées.*

Les gouvernements français et italien considèrent que la directive causerait une discrimination au détriment des entreprises publiques: celles-ci seraient placées dans une situation moins favorable surtout en raison du fait que la directive leur impose des obligations, notamment comptables, qui ne sont pas exigées aux entreprises privées. Cette directive entraînerait à l'égard des entreprises publiques un contrôle approfondi et complet du capital, des financements et des mouvements des capitaux. Et le gouvernement français ajoute que les données relatives

---

[81] Attendu 24. Souligné par nous.
[82] Attendu 26.

aux relations financières restent à la disposition de la Commission pendant cinq ans et que les engagements financiers des entreprises publiques sont, de ce fait, dans une situation de précarité pendant toute cette période.

La Commission, appuyée par les gouvernements allemand et hollandais et par l'Avocat Général, réfute cet argument tout en précisant que les obligations imposées par la directive sont à la charge des Etats membres [83]: elle est convaincue que si ceux-ci exercent une *surveillance adéquate* sur les entreprises publiques, ils ne devront guère répercuter leurs obligations sur ces dernières. Et elle conclut que, même si on admet que la directive impose de nouvelles obligations aux entreprises publiques, «il n'y aurait pas de discrimination à leur égard, parce qu'il n'y a pas égalité de situation entre le secteur privé et le secteur public, les aides étatiques aux entreprises privées étant normalement transparentes tandis que tel ne serait pas le cas pour les entreprises publiques [84].

Pour la Cour, le problème de la détermination de l'obligation n'est pas importante car, selon sa conception de l'article 90, les Etats membres sont responsables du comportement des entreprises publiques. Et ainsi, reprenant sa jurisprudence sur le principe d'égalité qui a établi, notamment, que seul un traitement différent injustifié de faits identiques pourrait être qualifié de discriminatoire, rejetera le moyen invoqué par les deux gouvernements requérants. Mais la Cour va plus loin que la Commission, dans son effort de construction juridique formelle, éliminant d'une part toute référence aux aides étatiques — les relations financières qui devront, selon la direc-

---

[83] Cependant, la Commission dans le considérand de la directive qui justifie les exclusions, établies à l'article 4, du champ d'application de celle-ci, se réfère aux «entreprises publiques dont l'importante économique réduite ne justifie pas les charges administratives qui peuvent découler des mesures à prendre».

[84] Arrêt, p. 21.

tive, être transparentes, ne sont pas des aides étatiques «per se» — et d'autre part, comparera les deux types d'entreprises à travers *leurs stratégies industrielles et commerciales.*

Les entreprises privées détermineraient leur stratégie industrielle et commerciale en tenant compte, notamment, des exigences de rentabilité; tandis que les entreprises publiques peuvent subir l'impact de facteurs d'un ordre différent, dans le cadre de la poursuite, de buts d'intérêt général. Et la Cour conclut que: «les conséquences économiques et financières d'un tel impact conduisent à l'établissement, entre ces entreprises et les pouvoirs publics, de relations financières d'un type particulier, différentes des relations qui existent entre les autorités publiques et les entreprises privées. Comme la directive concerne justement ces relations financières particulières, le moyen fondé sur l'existence d'une discrimination ne saurait être retenu» [85].

Cette manière de comparer les deux types d'entreprises laisse apercevoir que, selon la Cour, les critères déterminants pour analyser le comportement des entreprises publiques, surtout celles du secteur concurrentiel, seraient ceux qu'on a établis pour le secteur privé en fonction d'une conception de l'économie du marché et du rôle des entreprises dans ce même marché.

---

[85] Attendu 21.

IV — *Conclusions*

Si nous n'avions pas déjà exprimé quelques observations critiques au cours de l'analyse de cet arrêt de la Cour de Justice des Communautés Européennes, on aurait pu conclure cette étude — comme on le voit souvent faire dans la littérature juridique communautaire — en disant que la Cour, à travers sa jurisprudence, a encore une fois rempli son rôle d'instrument d'intégration, en accordant une signification autonome à l'article 90 et, en conséquence, une compétence très large à la Commission fondée sur le paragraphe 3 de cet article: les Etats membres et leurs entreprises publiques se verraient ainsi obligés de respecter, de manière efficace, le principe d'unité du Marché commun et notamment un de ses moyens, l'établissement d'une concurrence non faussée. Le rôle d'instrument d'intégration de cette jurisprudence serait une manifestation du rôle plus général qui est souvent attribué à la Cour dans la construction de ce nouvel ordre juridique communautaire: «Plus le droit de la Communauté parvient à ressembler à un ordre juridique imposé hiérarchiquement, plus l'organisation possèdera un pouvoir centralisé. Ainsi, le droit est un facteur important et un critère significatif de l'intégration. Dans la mesure où un ordre juridique contraignant étendra son champ d'application, le pouvoir central de l'organisation s'accroîtra» [86].

Très souvent, on dit aussi que ce rôle d'instrument d'intégration de la jurisprudence serait en grande partie fonction du choix fait par la Cour quant aux méthodes d'interprétation,

---

[86] ANDREW AXLINE, «Legal integration through judicial Fiat», *Journal of Common Market Studies*, 1969, pp. 217-18, cité par ROBERT KOVAR in «Ordre juridique des Communautés européennes — sources et rapports de droit», *Juris Classeur de Droit International*, 1979, fascicule 161-B-2, p. 4.

qui se caractériseraient par le recours, entre autres, à l'«esprit, aù contexte et aux termes», au «système général du traité», aux principes dégagés de ce même «système général» — à travers une logique juridique présentée de manière impérative — tels ceux de l'unité, de la liberté, de la solidarité et de l'égalité... enfin, par le recours à l'interprétation du Traité, selon son «effet utile».

Cependant, nous ne pouvons que constater que l'interprétation établie par la Cour, dans cet arrêt que nous venons d'analyser, se caractérise par une absence de toute référence, surtout en ce qui concerne l'objet et les finalités des articles 90 et 94, aux grands principes très souvent affirmés dans sa jurisprudence. La Cour aurait ici adopté une tactique interprétative, caractérisée par un formalisme juridique fermé sur lui-même — ce qui est très rare surtout dans des affaires qui soulèvent de nouveaux grands problèmes — qui lui aurait permis d'éviter toute référence aux grands principes qui, selon elle, président l'ordre juridique créé par le Traité C.E.E.; manière doublement commode d'être au-dessus de la problématique politico-économique exprimée surtout par les gouvernements des Etats membres requérants au cours de la procédure (cf. note 89).

En fait, la Cour nous «cache» les méandres à travers lesquels elle arrive à choisir l'interprétation de l'article 90 telle qu'elle est établie dans l'attendu 12 de cet arrêt: notre étonnement est fruit du fait que la Cour de Justice nous avait habitué à une pédagogie jurisprudentielle fortement explicative

Mais, alors, cette tactique interprétative traduira-t-elle une réaction d'auto-défense de la Cour face aux critiques de certains Etats membres et de certains auteurs concernant l'utilisation de ces principes dans l'interprétation du Traité?

Il est évident que l'interprétation que la Cour fait de l'article 90 présuppose une certaine conception de l'intégration en termes politiques et en termes économiques et que ce «faux» formalisme légaliste peut seulement servir à «cacher» une interprétation qui, dans le réalité, est commandée par une volonté intégrationniste.

La Cour aurait-elle voulu ainsi s'épargner une critique du type de celle-ci: «Les arrières-pensées ou préoccupations politiques des Etats contractants expliquent le fait qu'ils n'assignent parfois à un traité qu'une efficacité restreinte, à première vue peu conforme à ce qui apparaît, en bonne logique, comme son but apparent. Si l'on doit, en principe, interpréter un traité de manière à lui permettre d'atteindre le but voulu par les parties (principe de «l'effet utile», souvent exprimé dans l'adage *'ut res magis valeat quam pereat'*), la recherche de ce but ne peut dégénérer en un raisonnement abstrait autour d'un but que l'on suppose avoir été celui des parties, *alors que l'inefficacité partielle du traité peut s'expliquer, en fait, par leur volonté réfléchie de ne pas s'engager au-delà d'un certain point»* [87].

Toutefois, nous ne prétendons pas, dans le cadre de cette étude, nous étendre sur l'analyse relative aux méthodes d'interprétation, ni développer d'autres considérations sur le rôle de la jurisprudence de la Cour qui a indéniablement beaucoup d'aspects positifs, surtout en ce qui concerne l'intégration économique proprement dite [88].

---

[87] CHARLES DE VISSCHER, *Théories et Réalités en Droit International Public,* éd. A. Pedone, Paris, 1960, pp. 317-18. Souligné par nous.

[88] Cf., entre autres: GEORGES VANDERSANDEN, «Le rôle de la Cour de Justice des Communautés Européennes dans le processus d'intégration communautaire», *Aussenwirtschaft,* Zurich, n.º 4, décembre 1970, pp. 403-426; PIERRE PESCATORE, «Les objectifs de la Communauté européenne comme principes d'interprétation dans la jurisprudence de la Cour de Justice», *Miscellanea W. J. Ganshof van der Meersch,* vol. 2, 1972, pp. 325-381; A. BREDIMAS, *Methodes of Interpretation and Community Law,* Oxford, 1978; RJALTE RASMUSSEN, «La Cour de Justice», *Trente ans de droit communautaire,* coll. «Perspectives Européennes», Bruxelles-Luxembourg, 1981, pp. 159-206.

Il nous semble plus opportun de faire quelques références à l'enjeu politico-économique sous-jacent à cette affaire: le «juridisme» qui domine souvent la discussion de ces questions et sa conséquente «jurisdictionnalisation» risquent de nous faire oublier des dimensions importantes des problèmes soulevés.

D'autre part, ces références nous permettront d'évaluer dans quelle mesure la Cour de Justice, fonctionnant dans un cas où s'exprime une tension qu'on pourra désigner, sans grandes préoccupations de rigueur, de type fédérale, tient compte des intérêts légitimes des Etats membres «contre les atteintes d'une autorité centrale qui pourrait se faire envahissante» [89].

Personne ne niera que tous les Etats membres de la Communauté Economique Européenne ont une économie mixte caractérisée surtout par un interventionnisme des pouvoirs publics dans la vie économique et par l'existence d'un secteur public industriel.

Sans rentrer dans le débat autour des deux conceptions, qui se présentent souvent comme radicalement opposées — celle qui prône le retour au libre jeu du marché et l'autre qui défend le rôle positif de l'intervention publique dans l'économie —, il nous faut constater que, de toute manière, la politique économique suivie par certains Etats membres reflète ce débat: les uns renforcent le libre jeu du marché et les autres intensifient l'interventionnisme étatique tout d'abord pour remédier à des inconvénients attribués au jeu même du marché, mais aussi

---

(89) PIERRE PESCATORE, «La Cour en tant que juridiction fédérale et constitutionnelle» in *Dix ans de jurisprudence de la Cour de Justice des Communautés Européennes*, Cologne, 1965, p. 545. Il est vrai que la Cour de Justice ne prend pas en considération, sauf exceptionnellement, la situation concrète des cas d'espèce dans les motifs de ses arrêts. D'où la proposition de Hjalte Rasmussen pour que les faits significatifs d'ordre économique, social et politique soient élucidés dans les motifs des arrêts de la Cour, de manière à lui permettre d'identifier et de percevoir les conséquences (politiques, sociales et économiques) susceptibles de se produire selon que l'on donne gain de cause à l'une ou l'autre des parties: cf., *op. cit.*, note 88, p. 137.

pour réaliser des objectifs que le marché à lui seul ne parviendrait à atteindre.

Indépendamment de toute considération sur l'interventionnisme étatique, qui est devenu en fait d'une grande complexité, nous nous devons de placer les entreprises publiques du secteur concurrentiel des Etats membres dans le contexte de ce même interventionnisme, car, dans ce cas, il assume une forme directe dans la mesure où il s'exerce sur le marché à travers des entreprises dont la caractéristique est d'être soumises à un pouvoir de contrôle ou d'une influence particulière de la part des pouvoirs publics [90].

Tous les Etats membres ont un secteur public industriel dont l'importance varie selon les pays [91]. Indépendamment de la genèse des «secteurs publics» de ces pays [92], on constate, cependant, que les plus récentes nationalisations (ex. France, Grèce) sont inséparables de motifs de politique industrielle: l'initiative industrielle publique est ainsi envisagée comme un important instrument de politique économique; la crise économique exigerait en termes de politique économique un secteur public puissant comme moyen de relancer le développement industriel et, comme dans le cas français, cela exigerait aussi le renforcement du secteur public financier, (d'où la nationalisation de la grande partie du secteur bancaire français).

Mais, curieusement, contrariant cette tendance, on assiste au Royaume Uni, dans un contexte de crise encore plus sensible que dans d'autres pays industrialisés de la Communauté, à la

---

[90] Cf. A. PAPPALARDO, «Tendances actuelles de l'initiative industrielle publique en France, au Royaunme Uni et en Italie», *Reflets et Perspectives de la Vie Economique*, 1978, p. 318.

[91] Cf. *Public Enterprise in the E.E.C.*, Sijthoff et Noordhoff ed., 1978; *L'Entreprise publique dans la C.E.E.*, C.E.E.P., Athènes, 1981; *Ricerca sulle partecipazioni statali*, Turin, 1978.

[92] Sur l'origine et les développements de l'initiative industrielle publique cf. les ouvrages cités note 91.

privatisation d'entreprises publiques dont l'appartenance au secteur public fût la conséquence de nationalisations réalisés par des précédents gouvernements travaillistes avec des objectifs de politique industrielle [93].

De toute manière, indépendamment de ces deux tendances, *le secteur public industriel est une réalité*, particulièrement dans des pays comme la France, l'Italie et l'Angleterre; et les gouvernements ont tendance, surtout en période de crise, à utiliser les entreprises publiques du secteur concurrentiel comme moyens de leur politique industrielle. Ces entreprises se voient ainsi obligées, en plus de la réalisation de leur «objet social», de prendre en considération d'autres intérêts que leur intérêt propre; des intérêts économiques généraux établis par l'Etat en tant que propriétaire (action à l'intérieur de l'entreprise) ou en tant que puissance publique (action extérieure), sans que ces deux modes d'action ou d'influence soient exclusifs l'un de l'autre.

Il nous semble que c'est à partir de ce contexte que l'enjeu devient clair. En effet, c'est en tenant compte de ce contexte qu'on peut évaluer les craintes de dysfonctionnalité véhiculées par la Commission et maintenant «légitimées» par la Cour, et qui poseraient comme responsable le secteur public industriel dans le cadre d'une concurrence non faussée.

Nous croyons que les entreprises publiques du secteur concurrentiel doivent respecter les règles de la concurrence du Traité C.E.E.. Cependant, la prémisse d'où partent la Commission et la Cour, selon laquelle toute entreprise publique est d'abord une entreprise et qui, en conséquence, doit se comporter nécessairement comme une entreprise privée, doit être entendue de manière à tenir compte de cet «intérêt économique général» qui est souvent imposé par les pouvoirs publics aux entreprises

---

[93] Pour une simple vue du problème, cfr. VICTOR KEEGAN, «Le débat sur la privatisation des entreprises publiques en Grande-Bretagne», *Problèmes économiques*, n.° 1781, du 7 juillet 1982, pp. 7 et ss..

publiques et dont elles doivent tenir obligatoirement compte dans leur gestion.

D'autre part, nous pensons que la politique de concurrence de la C.E.E. ne peut pas se renfermer dans une approche essentiellement juridique des phénomènes économiques, surtout en temps de crise où les grands groupes de sociétés («les multinationales») prennent de plus en plus de décisions qui n'ont rien à voir avec l'idée que la Commission et la Cour se font de la gestion de l'entreprise privée. Les décisions de ces entreprises sont souvent dictées par des centres de décision qui se situent en dehors du Marché commum en fonction d'une stratégie propre au groupe: la décision de fermer une entreprise; la décision de ne pas fermer une entreprise qui n'est pas rentable pour des raisons, par exemple, de prestige, tout en la subsidiant... tout ceci a, souvent, très peu à voir avec les exigences des règles du fonctionnement du marché; par ailleurs, ces décisions «sont prises sans considération pour les intérêts localement sacrifiés puisque ces derniers sont subordonnés à l'intérêt du groupe multinational qui est, lui, globalement satisfait» [94].

Nous défendons donc que les rapports, que les Etats membres maintiennent avec leurs entreprises publiques du secteur concurrentiel et le comportement de ces mêmes entreprises, ne peuvent être appréciés en fonction des seuls critères etablis pour le secteur privé [95] lesquels sont d'ailleurs souvent rendus inefficaces par la crise économique [96].

---

[94] CHRISTIAN BOLZE, *Le Marché commun face aux trusts*, Publications de l'Université de Nancy II, 1981, p. 221. Il s'agit d'une excellente étude d'un excellent juriste sur les groupes de sociétés et le droit de la concurrence dans la C.E.E..

[95] Cf., dans ces sens, J. CHAPUY et J. VIROLE, «Le secteur public industriel des Communautés Européennes», *Revue d'Economie Politique*, 1982, pp. 944 à 964.

[96] Cf. la problématique des «cartels de crise» et, notamment, le «cas» de l'accord entre producteurs sur les fibres synthétiques notifié à la Commission le 14 juillet 1978.

Or, tenir compte que les entreprises publiques du secteur concurrentiel doivent intégrer dans leur gestion l'«intérêt économique général» implique que ces mêmes entreprises soient soumises à des «charges anormales». Et ici, se pose le problème de la compensation de ces charges et de l'analyse que la Commission peut être amenée à faire de cette compensation à travers les seuls critères applicables au secteur privé.

Il nous semble, alors, qu'en cas de conflit, les Etats membres et les entreprises publiques pourront invoquer le paragraphe 2 de l'article 90: «Les entreprises chargées de la gestion de services d'intérêt économique général (...) sont soumises aux règles du présent traité, notamment aux règles de concurrence, dans les limites où l'application de ces règles ne fait pas échec à l'accomplissement en droit ou en fait de la mission particulière qui leur a été impartie. Le développement des échanges ne doit pas être affecté dans une mesure contraire à l'intérêt de la Communauté».

Ces entreprises sont ainsi soumises à un régime d'exception. Cependant, ce même régime ne doit pas affecter le *développement* des échanges dans une mesure contraire à l'intérêt de la Communauté [97].

Cette exception joue de plein droit et elle a pour effet de dispenser les Etats membres et les entreprises visées de l'observation des règles du Traité y compris celles de la concurrence. Le contenu de la notion d'«intérêt général économique» utilisée par ce paragraphe est fondamentalement déterminé par les Etats, même si nous considérons qu'il peut

---

[97] Cf. sur l'interprétation de ce paragraphe: M. WAELBROECK, *op. cit.*, note 4 pp. 89 et ss.; A. DERINGER, *op. cit.*, note 78, p. 403; A. FRANCK, *op. cit.*, note 23, p. 64; A. PAPPALARDO, *op. cit.*, note 29, p. 102; P. MATHIJSEN, *op. cit.*, note 42, p. 11.6; NICOLA CATALANO, *op. cit.*, note 29, p. 140; PETER SCHINDLER, *op. cit.*, note 24, p. 67; ALAN C. PAGE, *op. cit.*, note 24, p. 26. Cf. aussi les conclusions de l'Avocat Général, Dutheillet de Lamothe, dans l'affaire 10-71, «Port de Mertert», Recueil, 1971, pp. 737 et ss..

être objet d'un contrôle de la part de la Commission et, en dernier ressort, de la Cour de Justice.

Dans le cadre de l'application de la directive relative à la transparence des relations financières des Etats membres avec leurs entreprises publiques, la Commission, grâce aux éléments d'information dont elle disposerait ainsi, pourrait décider, dans le cadre de la procédure de l'article 93, qu'une opération financière déterminée est une aide interdite, les Etats membres pourraient alors envisager le recours au régime exceptionnel du paragraphe 2 de l'article 90.

Nous sommes donc convaincus que le problème, des entreprises publiques n'est pas du tout clôturé avec cet arrêt de la Cour de Justice.

Puissent ces considérations servir d'élan à la volonté politique des Etats membres d'élaborer une véritable politique industrielle cohérente pour la Communauté, «où les entreprises publiques pourraient même y gagner une vocation européenne» [98].

BRUXELLES, FÉVRIER 1983.

---

[98] MICHAEL LOY, «L'entreprise publique dans le Marché commun», *Reflets et Perspectives de la Vie Economique*, 1970, p. 57. Cf., aussi, CH. STOFFAËN, «Le rôle des entreprises publiques dans la politique industrielle», *Problèmes Economiques*, n.º 1635, août 1979, pp. 11-16.

V — *L'arrêt de la Cour de Justice du 6 juillet 1982.*

EN DROIT

1. Par requêtes déposées au greffe de la Cour respectivement les 16, 18 et 19 septembre 1980, la République française, la République italienne et le Royaume-Uni ont introduit, en vertu de l'article 173, premier alinéa, du traité CEE, trois recours visant à l'annulation de la directive 80/723 de la Commission, du 25 juin 1980, relative à la transparence des relations financières entre les Etats membres et les entreprises publiques (JO no L 195, p. 35). La République fédérale d'Allemagne et le Royaume des Pays-Bas sont intervenus à ces procédures au soutien des conclusions de la Commission.

2. La directive, arrêtée sur la base de l'article 90, paragraphe 3, du traité, oblige les Etats membres à tenir disponibles, pendant cinq ans, les données relatives aux mises à disposition de ressources publiques, par les pouvoirs publics, à des entreprises publiques ainsi que celles relatives à l'utilisation effective de ces ressources par les dites entreprises. Il ressort des considérants de la directive que son objectif essentiel est de promouvoir l'application efficace, aux entreprises publiques, des dispositions des articles 92 et 93 du traité concernant les aides étatiques. En outre, ces considérants soulignent le principe de l'égalité de traitement entre les entreprises publiques et privées, ainsi que le besoin de transparence des relations financières entre les premières et les Etats, à cause de la complexité de ces relations.

3. Les moyens invoqués par les gouvernements requérants, bien qu'ils diffèrent sur certains points, peuvent, en substance, être résumés comme suit:

— incompétence de la Commission;
— absence de nécessité et méconnaissance du principe de proportionnalité;
— discrimination au détriment des entreprises publiques;
— violation des articles 90, 92 et 93, en ce que la directive définit les notions d'entreprise publique et d'aide étatique;
— méconnaissance des règles définissant le champ d'application des traités CEE, CECA et CEEA;
— absence de motivation et méconnaissance du principe d'égalité en ce qui concerne les exemptions prévues par la directive.

Sur le premier moyen (incompétence de la Commission)

4. Selon le Gouvernement du Royaume-Uni, la Commission, en arrêtant la directive litigieuse, a violé les principes mêmes qui régissent la répartition des pouvoirs et des responsabilités entre les institutions communautaires. Il ressortirait des dispositions institutionnelles du traité que la totalité du pouvoir législatif originaire appartient au Conseil, tandis que la Commission ne détient que des pouvoirs de surveillance et d'exécution. Cette répartition des compétences serait confirmée par les règles d'habilitation spécifiques du traité, dont la quasi-totalité réserverait l'adoption des règlements et des directives au Conseil. En ce qui concerne notamment les règles de concurrence, on retrouverait ce même partage des responsabilités. Ces dispositions elles-mêmes conféreraient les fonctions de surveillance à la Commission, alors que celle-ci ne pourrait légiférer que dans les limites d'une délégation spécifique et expresse contenue dans un acte du Conseil.

5. Toujours selon le Gouvernement du Royaume-Uni, les dispositions du traité qui, à titre d'exception, confèrent à la Commission la compétence d'arrêter des directives doivent être interprétées à la lumière des considérations précédentes. Il ne s'agirait pas de directives de même nature que celles adoptées par le Conseil. Alors que ces dernières peuvent contenir des dispositions générales de caractère normatif, imposant, le cas échéant, des obligations nouvelles aux Etats membres, le but des premières ne serait que de remédier à une situation spécifique dans un ou plusieurs de ces Etats. Dans le cas de l'article 90, paragraphe 3, ce but limité serait suggéré par les termes mêmes de la disposition, selon lesquels la Commission «adresse» les directives ou décisions appropriées aux Etats membres.

6. Cette thèse ne trouve toutefois pas de fondement dans les dispositions institutionnelles du traité. Aux termes de l'article 4, la Commission participe à la réalisation des tâches de la Communauté au même titre que les autres institutions, chacune agissant dans les limites des attributions qui lui sont conférées par le traité. L'article 155 prévoit, dans des termes presque identiques à ceux employés à l'article 145 pour décrire la même fonction du Conseil, que la Commission dispose d'un pouvoir de décision propre dans les conditions prévues au traité. En outre, les dispositions du chapitre régissant, d'une manière générale, les effets et le contenu des actes pris par les institutions, et notamment celles de l'article 189, n'opèrent pas la distinction faite par le Gouvernement du Royaume-Uni entre les directives de portée générale et les autres ne prescrivant que des mesures spécifiques. Selon le premier alinéa de cet article, la Commission a, au même titre que le Conseil, le pouvoir d'arrêter des directives dans les conditions prévues au traité. Il s'ensuit que les limites à la compétence conférée à la Commission par une

disposition spécifique du traité ne sauraient être déduites d'un principe général, mais d'une interprétation des termes propres de la disposition en cause, en l'occurrence l'article 90, analysés à la lumière de sa finalité et de sa place dans l'économie du traité.

7. A cet égard, il ne saurait être tiré de conclusions du fait que la plupart des autres dispositions spécifiques du traité, qui prévoient une compétence en vue de l'adoption d'actes de caractère général, confèrent cette compétence au Conseil statuant sur proposition de la Commission. On ne peut pas non plus distinguer, entre les dispositions prévoyant l'adoption des directives, selon qu'elles utilisent le terme «arrêter» ou «adresser». D'après l'article 189, les directives, aussi bien que les décisions, tant du Conseil que de la Commission s'adressent à des destinataires, qui, pour ce qui est des directives, sont nécessairement des Etats membres. Dans le cas d'une disposition prévoyant l'adoption à la fois de directives et de décisions adressées aux Etats membres, le mot «adresser» constitue donc simplement l'expression commune la plus appropriée.

8. Pour étayer le moyen tiré de l'incompétence de la Commission, les trois gouvernements requérants font valoir que les règles contenues dans la directive litigieuse auraient pu être arrêtées par le Conseil. Comme la finalité de la directive serait de permettre à la Commission de contrôler le respect de l'obligation des Etats membres de lui notifier, conformément à l'article 93, paragraphe 3, toute institution ou modification d'une aide étatique, et comme l'article 94 confère au Conseil la compétence pour fixer notamment les conditions d'application dudit paragraphe, les règles en cause relèveraient de la compétence de cette institution en vertu de cet article. De toute manière, de telles règles entreraient dans les attribution du Conseil en

vertu de l'article 213 ou, à titre subsidiaire, de l'article 235. S'agissant dès lors d'un domaine où le Conseil est compétent, on ne saurait, d'après les gouvernements requérants, reconnaître une compétence concurrente de la Commission en vertu d'autres dispositions du traité.

9. La Commission, soutenue par le Gouvernement de la République fédéral d'Allemagne, insiste sur le fait que la directive vise des mesures se situant «en amont» de la procédure prévue à l'article 93 et que, pour cette raison, l'article 94 est inapplicable. Elle fait également valoir que l'article 213 ne concerne pas des informations dont les Etats membres disposent et qu'ils doivent fournir à la Commission, sur sa demande, en vertu de leur obligation générale de coopération prévue à l'article 5. L'article 235 ne jouerait pas non plus, puisqu'il présuppose que tout autre pouvoir d'action fait défaut. Le Gouvernement néerlandais, pour sa part, souligne surtout le caractère spécifique et l'importance autonome de l'article 90.

10. Les arguments que les gouvernements requérants tirent des articles 213 et 235 doivent être écartés. En effet, l'article 213 qui figure dans le chapitre des dispositions générales et finales du traité ne fait pas obstacle aux pouvoirs que des dispositions particulières du traité reconnaissent à la Commission. L'article 235 ne peut pas, pour la raison indiquée par la Commission, être considéré comme applicable en l'espèce.

11. En revanche, pour apprécier l'argument tiré de l'article 94, il y a lieu de rapprocher les dispositions de cet article de celles de l'article 90, en tenant compte des objets et des finalités de ces deux articles.

12. A cet égard, il convient de constater que les deux dispositions ont des objets différents. L'article 94 fait partie d'un ensemble de dispositions qui règlent le domaine des aides accordées par les Etats quels que soient les formes et les destinataires de ces aides. Au contraire, l'article 90 ne concerne que les entreprises pour le comportement desquelles les Etats doivent assumer une responsabilité particulière en raison de l'influence qu'ils peuvent exercer sur ce comportement. Cet article souligne que lesdites entreprises, sous réserve des précisions apportées par son paragraphe 2, sont soumises à l'ensemble des règles du traité; il enjoint aux Etats membres de respecter ces règles dans leurs rapports avec ces entreprises et il impose à la Commission un devoir de vigilance à cet égard qui, en tant que de besoin, peut être exercé par l'adoption de directives et de décisions adressées aux Etats membres.

13. A cette différence d'objets s'ajoute une différence en ce qui concerne les conditions posées à l'exercice des compétences que les deux dispositions confèrent, respectivement, au Conseil et à la Commission. L'article 94 permet au Conseil de prendre tous règlements utiles en vue de l'application des articles 92 et 93. Au contraire, la compétence conférée à la Commission par l'article 90 paragraphe 3, se limite aux directives et aux décisions qui sont nécessaires en vue d'accomplir, d'une manière efficace, le devoir de surveillance que lui impose ce même paragraphe.

14. Par rapport à la compétence du Conseil en vertu de l'article 94, celle qui est conférée à la Commission par l'article 90, paragraphe 3, s'exerce ainsi dans un champ d'application spécifique et dans des conditions définies en fonction de l'objet propre de cet article. Il s'ensuit que la compétence de la Commission pour arrêter la directive litigieuse dépend des

nécessités inhérentes à son devoir de surveillance visé à l'article 90 et que l'eventualité d'une réglementation édictée par le Conseil en application de son pouvoir général en vertu de l'article 94 et comportant des dispositions qui toucheraient au domaine spécifique des aides octroyées aux entreprises publiques ne fait pas obstacle à l'exercice de cette compétence par la Commission.

15. Il découle de toutes ces considérations que le premier moyen invoqué par les gouvernements requérants doit être rejeté.

Sur le deuxième moyen (absence de nécessité).

16. Les Gouvernements français et italien contestent que les règles de la directive soient nécessaires pour permettre à la Commission d'exercer de façon efficace la mission de surveillance que lui confie l'article 90. Ils estiment qu'il existe une séparation juridique complète entre l'Etat et les entreprises publiques sur le plan financier. Les fonds mis à la disposition de ces dernières par les pouvoirs publics apparaîtraient des actes législatifs budgétaires ainsi que des bilans et rapports annuels des entreprises. Dans une société démocratique, il existerait, concernant les relations de l'Etat avec les entreprises publiques, des sources d'informations au moins aussi complètes que celles concernant les relations avec les entreprises privées et beaucoup plus précises que celles concernant les relations des entreprises privées entre elles.

17. La Commission renvoie aux quatrième et cinquième considérants de la directive qui affirment la complexité des relations financières des pouvoirs publics nationaux avec les

entreprises publiques est de nature à entraver l'exécution de la tâche de surveillance de la Commission et qu'une application efficace et équitable aux entreprises publiques et privées des règles du traité concernant les aides ne peut se faire que pour autant que ces relations financières soient rendues transparentes. Au cours de la procédure devant la Cour, la Commission ainsi que le Gouvernement de la République fedérale d'Allemagne ont cité des exemples en vue de montrer que ces relations n'étaient pas suffisamment transparentes pour permettre à la Commission d'établir l'existence ou l'inexistence d'aides étatiques aux entreprises publiques.

18. Compte tenu des formes diverses des entreprises publiques dans les différents Etats membres et des ramifications de leurs activités, il est inévitable que leurs reations financières avec les pouvoirs publics sont elles aussi, très diverses, souvent complexes et dès lors difficiles à contrôler même à l'aide des sources d'informations publiées auxquelles les gouvenements requérants ont fait référence. Dans ces conditions, on ne saurait dénier le besoin, pour la Commissioin, de chercher à obtenir des informations supplémentaires sur ces relations en établissant des critères communs pour tous les Etats membres et pour les entreprises en cause. En ce qui concerne la détermination précise de ces critères, les gouvernements requérants n'ont pas établi que la Commission a dépassé les limites du pouvoir d'appréciation que lui réserve l'article 90, paragraphe 3.

19. Il s'ensuit que le moyen concernant l'absence de nécessité doit être rejeté. Il en va de même du reproche fait à la Commission, notamment par le Gouvernement italien, concernant le manque de proportionnalité.

Sur le troisième moyen (existence d'une discrimination vis-à-vis des entreprises publiques par rapport aux entreprises privées).

20. Les Gouvernements français et italien font valoir qu'il ressort aussi bien de l'article 222 que de l'article 90 que les entreprises publiques et les entreprise pivées doivent être traitées de manière égale. Or, la directive aurait pour effet de placer les premières dans une situation moins favorable que les secondes, surtout en ce qu'elle impose aux entreprises publiques des obligations notamment comptables particulières qui ne sont pas exigées des entreprises privées.

21. A cet égard, il convient de rappeler que le principe d'égalité, que les gouvernements invoquent en ce qui concerne les rapports entre les entreprises publiques et les entreprises privées en général, présuppose que les deux groupes se touvent dans des situations comparables. Or, les entreprises privées déterminent, dans les limites posées par la législations applicable, leur stratégie industrielle et commerciale en tenant compte, notamment, des éxigences de rentabilité. Les décisions des entreprises publiques, par contre, peuvent subir l'impact de facteurs d'un ordre différent, dans le cadre de la poursuite, par les autorités publiques qui peuvent influencer ces décisions, des buts d'intérêt général. Les conséquences économiques et financières d'un tel impact conduisent à l'établissement, entre ces entreprises et les pouvoirs publics, de relations financières d'un type particulier, différentes des relations qui existent entre les autorités publiques et les entreprises privées. Comme la directive concerne justement ces relations financières particulières, le moyen fondé sur l'existence d'une discrimination ne saurait être retenu.

Sur le quatrième moyen (violation des articles 90, 92 et 93, en ce que la directive définit les notions d'entreprise publique et d'aide étatique).

22.   Les Gouvernements français et italien soutiennent que les articles 2 et 3 de la directive ajoutent, sans aucune base légale, aux dipositions de articles 90, 92 et 93 du traité, en ce qu'ils définissent la notion d'entreprise publique et déterminent les relations financières qui, de l'avis de la Commission, peuvent constituer des aides étatiques.

23.   Ces reproches ne sont pas justifiés. En ce qui concerne la détermination, à l'article 3, des relations financières qui sont soumises aux règles de la directive, il suffit de constater qu'il ne s'agit pas d'une tentative de la Commission de définir la notion d'aide telle qu'elle figure aux articles 92 et 93 du traité, mais uniquement d'une précision des opérations financières dont la Commission estime devoir être informée en vue de contrôler si un Etat membre a accordé, sans respecter son obligation de notification conformément à l'article 93, paragraphe 3, des aides à l'entreprise en question. Ainsi qu'il est dit ci-dessus concernant le deuxième moyen, il n'est pas établi que la Commission, ce faisant, a dépassé les limites du pouvoir d'appréciation que lui réserve l'article 90, paragraphe 3.

24.   En ce qui concerne les dispositions de l'article 2 qui délimite la notion d'entreprise publique «au sens de la présente directive», il y a lieu de souligner que ces dispositions n'ont pas pour but de définir cette notion telle qu'elle figure à l'article 90 du traité, mais d'établir les critères nécessaires pour circonscrire le groupe d'entreprises dont les relations financières avec les pouvoirs publics sont soumises à l'obligation d'information visée par la directive. Pour apprécier cette délimitation qui, d'ailleurs, est indispensable pour faire connaître aux Etats

membres l'étendue de leurs obligations selon la directive, il convient donc de rapprocher les critères établis des considérations qui sont à la base de l'obligation de surveillance imposée à la Commission par l'article 90.

25. Selon l'article 2 de la directive, celle-ci entend par entreprise publique toute entreprise sur laquelle les pouvoirs publics peuvent exercer directement ou indirectement une influence dominante. Une telle influence est présumée, suivant le deuxième alinéa, lorsque les pouvoirs publics, directement ou indirectement, détiennent la majorité du capital, disposent de la majorité des voix ou peuvent désigner plus de la moitié des membres des organes d'administration, de direction ou de surveillance de l'entreprise en question.

26. Comme la Cour l'a déjà indiqué ci-dessus, la raison pour laquelle les dipositions de l'article 90 ont été insérées dans le traité est justement l'influence que les pouvoirs publics peuvent exercer sur les décisions commerciales des entreprises publiques. Cette influence peut s'exercer sur la base soit d'une participation financière soit de règles régissant la gestion de l'entreprise. En choisissant ces mêmes critères pour déterminer les relations financières sur lesquelles elle doit pouvoir obtenir des informations en vue d'accomplir son devoir de surveillance en vertu de l'article 90, paragraphe 3, la Commission est restée dans les limites du pouvoir d'appréciation que lui confère cette disposition.

27. Il s'ensuit qu'il convient de rejeter également le quatrième moyen.

Sur le cinquième moyen (méconnaissance des règles définissant le champ d'application des traités CEE, CECA et CEEA).

28. Le Gouvernement français souligne que la définition de l'entreprise publique figurant à l'article 2 de la directive a un caractère tout à fait général et que l'exemption, prévue à l'article 4, du secteur de l'énergie, y compris en ce qui concerne l'énergie nucléaire, la production de l'uranium, son enrichissement et le retraitement des combustibles irradiés ainsi que l'élaboration des matériaux plutogènes, laissent entendre que la directive s'applique, sous cette réserve, aux entreprises publiques relevant des traités CECA et CEEA. Comme un texte de droit dérivé adopté dans le cadre du traité CEE ne pcurrait pas régir une matière couverte par des règles positives des autres traités, le Gouvernement français conclut, à titre subsidiaire, à l'annulation de la directive dans la mesure où elle vise des entreprises relevant des traités CECA ou CEEA.

29. La Commission admet qu'en vertu de l'article 232, paragraphe 1, du traité CEE, et en raison des règles du traité CECA relatives aux aides accordées aux entreprises relevant de ce traité, la directive ne peut s'appliquer à de telles entreprises. Quant aux entreprises du secteur nucléaire, elle fait valoir que le traité CEEA ne contient pas de dispositions sur les aides étatiques. Les articles 92 et 93 du traité CEE et, partant, la directive seraient donc applicables aux entreprises relevant de ce secteur, sous réserve des exceptions prévues expressément à l'article 4 de la directive.

30. Aux termes de l'article 232, paragraphe 1, du traité CEE, les dispositions de ce traité ne modifient pas celles du traité CECA, notamment en ce qui concerne les droits et obligations des Etats membres, les pouvoirs des institutions de

cette Communauté et les règles posées par ce traité pour le fonctionnement du marché commun du charbon et de l'acier.

31.   Comme l'article 90, paragraphe 3, concerne justement les pouvoirs des institutions et comme la directive litigieuse impose des obligations aux Etats membres dans le domaine des aides dans lequel le traité CECA contient lui-même des règles s'adressant aux Etats membres et aux entreprises relevant du marché du charbon et de l'acier, il ressort directement de l'article 232 du traité CEE que la directive litigieuse ne saurait être appliquée aux relations avec de telles entreprises. Pour cette raison, la directive n'est entachée d'aucune illégalité sur ce point, bien qu'il eût été sans doute préférable, dans l'intérêt de la clarté des situations juridiques, que l'exclusion de ces entreprises résulte des termes mêmes de la directive.

32.   En revanche, en ce qui concerne les rapports avec le traité CEEA, l'article 232, paragraphe 2, du traité CEE se borne à préciser que les dispositions de ce dernier traité ne dérogent pas aux stipulations du premier. Le Gouvernement français n'a pas établi que les dispositions de la directive dérogent aux dispositions du traité CEEA. Il s'ensuit que ce moyen ne peut pas être retenu.

Sur le sixième moyen (l'absence de motivation et méconnaissance du principe d'égalité en ce qui concerne les exemptions de la directive).

33.   En plus du secteur de l'énergie, l'article 4 de la directive exempte de son champ d'application les entreprises publiques dont le chiffre d'affaires hors taxes n'a pas atteint un total de 40 millions d'unités de compte européennes pendant les deux exercices annuels précédents, ainsi que les entreprises qui prêtent

des services sans influence sensible sur les échanges communautaires et les entreprises des secteurs de l'eau, des transports, des postes et télécommunications et du crédit.

34. Pour le Gouvernement italien, ces exemptions entraînent une discrimination non motivée. Il est d'avis que des exemptions sectorielles ne sauraient être permises qu'en l'absence de concurrence intracommunautaire dans le secteur visé.

35. Mis à part le fait que ce moyen tend plutôt à élargir le champ d'application de la directive, il n'est pas fondé. Le douzième considérant de la directive indique, en effet, qu'il y a lieu d'exclure des secteurs qui n'appartiennent pas au domaine concurrentiel ou qui font déjà l'objet de dispositions communautaires particulières garantissant une transparence adéquate, certains secteurs dont le caractère particulier justifie qu'ils fassent l'objet de dispositions spécifiques, ainsi que les entreprises dont l'importance économique réduite ne justifie pas les charges administratives pouvant découler des mesures à prendre. Ces considérations, dont au moins une s'applique à chacun des secteurs exclus par l'article 4 de la directive, comportent toutes des critères suffisamment objectifs pour justifier une exemption du champ d'application de la directive.

36. Il y a donc lieu de conclure que les recours introduits par les trois gouvernements n'ont pas révélé d'éléments susceptibles de justifier l'annulation, même partielle, de la directive attaquée. Il convient dès lors de rejeter ces recours.

Sur les dépens

37.   Aux termes de l'article 69, paragraphe 2, du règlement de procédure, toute partie qui succombe est condamnée aux dépens, s'il est conclu en ce sens.

38.   Les trois gouvernements requérants ayant succombé en leurs moyens, il y a lieu de les condamner aux dépens. Il en va de même pour le Gouvernement français en sa qualité de partie intervenante dans les affaires 189-190/80.

39.   Parmi les gouvernements intervenant au soutien des conclusions de la Commission seul le Gouvernement néerlandais a conclu à la condamnation des requérants aux dépens. Il convient, dès lors, de condamner la République française, la République italienne et le Royaume-Uni à supporter, en plus de leurs propres dépens, ceux de la Commission et du Royaume des Pays-Bas.

Par ces motifs,

LA COUR,

déclare et arrête:

1.   Les recours sont rejetés.

2.   La République française, la République italienne et le Royaume-Uni supporteront, en plus de leurs propres dépens, ceux de la Commission et du Royaume des Pays-Bas.

Mertens de Wilmars	Touffait	Due
Pescatore	Mackenzie Stuart	O'Keeffe
Koopmans	Chloros	Grevisse

Ainsi fait en audience publique à Luxembourg, le 6 juillet 1982.

Le greffier,

P. HEIM

Le président,

J. MERTENS DE WILMARS

Mertens de Wilmars   Touffait   Due

Pescatore   Mackenzie Stuart   O'Keeffe

Koopmans   Chloros   Grévisse

Ainsi fait en audience publique à Luxembourg, le 6 juillet 1982.

Le greffier.   Le président.

P. Heim   J. Mertens de Wilmars

Composto e impresso na Gráfica de Coimbra
750 ex.
Depósito legal n.º 2896/83